本书的出版得到了教育部人文社会科学研究青年基金项目"基于深度学习框架的社交媒体用户心理健康预警模型构建研究（19YJCZH184）"、河南省重点研发与推广专项（软科学研究）"社交媒体数据挖掘在心理健康领域的应用研究"（202400410198）、河南省高等学校哲学社会科学创新团队"后疫情时代我国制造业产业链重构研究（2021-CXTD-12）"的资助。

Reaserch on User's Mental Health:
Based on Social Media Sentiment Analysis

魏蕾如 —— 著

社交媒体用户心理健康研究

基 于 社 交 媒 体 的 情 感 分 析

社会科学文献出版社
SOCIAL SCIENCES ACADEMIC PRESS (CHINA)

前 言

相对于生理健康,社会群体对心理健康的关注程度远远不够,但是伴随现代生活节奏的加快、工作压力的陡增,心理健康问题日渐突出,给人们的情感、认知和经济带来巨大的负担。这些问题的根本是情绪危机,而人们所了解的大部分情绪危机和心理健康水平是来自医疗系统的诊断,也就是只有当潜在的需求人群去专业心理诊疗机构主动接受援助时,心理医生及相关工作机构才可以进行评估和干预。临床医学表明,在整个心理援助体系的建设过程中,心理健康问题的及早识别会直接影响援助的效果,而传统心理健康研究方法的被动性、样本规模的有限性、获取数据的回溯性都会降低心理疾病诊疗的有效性和及时性。随着社交媒体与社会生活的深度融合,越来越多的用户在网络空间留下大量的个人痕迹,这些不经意留下的网络痕迹蕴含着很多有价值的信息。这些信息为分析情绪危机提供直接或者间接的证据,为临床医疗系统提供有效的补充和重要的参考来源。

本书从社交媒体用户情感分析的角度出发,分析了社交媒体用户心理健康情感表达的语言特点,在此基础上构建了面向心理健康的社交媒体情感分析框架,以实现社交媒体文本情感分类和心理健康情感主题的识别任务。通过实验和应用案例证明了本书所构建模型的有效性和有用性。本书的主要研究内容包含以下四个方面。

一是揭示了与心理健康状态相关的社交媒体用户情感表达语言特点,在此基础上,构建了面向心理健康的社交媒体用户情感分析框架。运用统计分析方法,对心理异常用户和心理正常用户发布的文本进行对比分析,从词语类别、语义类别、语言风格等方面展开,以确定心理异常人群与正常人群语言特征的差异性。以社交媒体用户情感表达语言特点为基础,针对社交媒体文本情感分类任务以及心理健康情感主题识别任务,对不同的情感分析模型进行深入研究,选择适用的模型构建社交媒体用户心理健康情感分析框架。

　　二是构建了混合多维特征的 CNN-SVM 模型，并对社交媒体文本进行情感分类。针对与心理健康状态密切相关的负性情感识别问题，本书主要从优化特征提取的角度，构建混合多维特征的 CNN-SVM 模型。以心理健康文本情感分类数据处理流程为基线，从数据预处理、多维特征选择、特征向量处理、CNN 处理模块、SVM 分类器 5 个阶段论述了基于 CNN-SVM 模型对社交媒体用户心理健康文本进行情感分类的过程。通过两个实验对本书所构建的混合多维特征 CNN-SVM 模型进行验证，对比分析表明，使用混合多维特征组合的 CNN-SVM 深度学习模型，比使用单一的浅层学习特征的效果更好；由 CNN 和 SVM 组成的深度学习模型能够提高分类精度，相对于单独使用传统浅层 SVM 模型以及 LSTM-SVM 模型，在准确率、召回率以及 F 值上都表现良好，可以获得更好的分类效果。

　　三是构建了层次主题模型 Singlepass-LDA，并通过此模型进行心理健康情感主题识别。针对心理异常用户和心理正常用户在社交媒体平台发布的文本主题有极大的区别，构建了层次主题识别模型 Singlepass-LDA，并对社交媒体心理异常用户发布的文本进行情感主题识别。在 Singlepass-LDA 模型框架中，首层使用 Single-Pass 对微博文本进行粗粒度的文本聚类，在完成文本的第一层聚类的基础上，利用 LDA 对每个主题下的文本集进行深层次的识别，以发现簇中潜在主题。实验结果证明了由 Single-Pass 和 LDA 组成的主题层次模型相对于单独使用 LDA 模型，可以获得较好的主题识别效果。

　　四是探讨了社交媒体情感分析在心理健康领域中的应用。本书对社交媒体情感分析在心理健康领域的应用方面进行了总结，选择对社交媒体用户抑郁状态的识别，作为本书论证社交媒体情感分析在心理健康领域有用性的具体案例，利用本书所构建的用户抑郁状态识别模型，将负性情感特征、负性情感主题特征与用户行为特征和非语言特征相结合，实现对用户抑郁状态的判别。

目 录

第一章 绪 论 ·· 1
  第一节 研究背景及意义 ··· 1
  第二节 国内外研究现状分析 ··· 8
  第三节 研究目标、内容、方法、重难点与创新点 ················ 29
  第四节 本章小结 ·· 35

第二章 社交媒体用户心理健康情感分析研究的理论基础 36
  第一节 社交媒体基本理论 ·· 36
  第二节 情感分析的基本理论 ··· 39
  第三节 心理健康研究相关理论 ··· 55
  第四节 本章小结 ·· 63

第三章 社交媒体用户心理健康情感分析研究框架 64
  第一节 社交媒体用户情感表达的语言特点分析 ·················· 64
  第二节 社交媒体用户心理健康情感分析框架 ····················· 75
  第三节 本章小结 ·· 80

第四章 基于 CNN-SVM 模型的社交媒体文本情感分类 82
  第一节 问题描述 ·· 82
  第二节 多维特征组合的 CNN-SVM 深度学习模型的构建 ···· 83
  第三节 基于 CNN-SVM 的社交媒体文本情感分类过程 ······ 100
  第四节 基于 CNN-SVM 的社交媒体文本情感分类实验 ······ 111
  第五节 本章小结 ·· 115

第五章　基于 Singlepass-LDA 模型的心理健康情感主题识别 …………117
第一节　问题描述…………………………………………………117
第二节　主题层次识别模型 Singlepass-LDA 的构建 ……………118
第三节　基于 Singlepass-LDA 的负性情感主题识别过程 ………124
第四节　基于 Singlepass-LDA 的负性情感主题识别实验 ………132
第五节　本章小结…………………………………………………139

第六章　社交媒体情感分析在心理健康领域的应用案例…………140
第一节　社交媒体情感分析在心理健康领域的应用……………142
第二节　社交媒体用户抑郁状态识别框架………………………143
第三节　社交媒体用户特征提取…………………………………145
第四节　社交媒体用户抑郁状态识别实验………………………151
第五节　本章小结…………………………………………………153

第七章　结语……………………………………………………………155
第一节　总结………………………………………………………155
第二节　研究不足之处……………………………………………157
第三节　研究展望…………………………………………………158

参考文献……………………………………………………………………160

致　谢………………………………………………………………………179

第一章 绪 论

第一节 研究背景及意义

一 研究背景

（一）社交媒体平台的广泛使用成为主观性信息生成的重要渠道

信息技术和信息社会的高度交融，推动了以 Facebook、Twitter、Instagram、Snapchat、Pinterest、微博、微信、美丽说等为代表的社交媒体平台快速发展。全球最大的社交媒体传播咨询公司 We Are Very Social Limited（简称"We are social"）发布的 *DIGITAL IN 2017：GLOBAL OVERVIEW* 显示，统计数据截至 2017 年 1 月，全球网民数量超过 37.7 亿，约占全球人口的 50%，其中使用各类社交媒体的人数达到 28 亿，超过全球人口的 37%。在庞大的社交媒体用户群中，超过 25.6 亿人使用移动社交媒体，几乎是全球人口的 34%。CNNIC 发布的《第 39 次中国互联网络发展状况统计报告》中显示：截至 2016 年 12 月，中国网民数量达到 7.31 亿，互联网应用已覆盖了全国人口的 53.2%。在中国，91% 的网民拥有社交媒体账户，88% 的社交媒体用户至少活跃在两个社交网络，社交媒体活跃账号数达到 7.67 亿[1]。

信息存在客观和主观两种属性。语言作为信息的主要载体，在传递信息中主要有描述、社交和表达三大功能。其中描述功能主要阐述客观信息，而社交功能和表达功能反映的则是主观信息。主观信息指的是对特定事物

---

[1] 《第 39 次中国互联网络发展状况统计报告》，http://www.cnnic.net.cn/hlwfzyj/hlwxzbg/hlwtjbg/2017/201701/P02017012336467.pdf。

的态度、情感或看法①。社交媒体平台的开放性、交互性、即时性、匿名性使用户可以通过在线评论、微博客、在线问答等方式自由撰写和发布信息、分享经验和表达观点，这些语言所对应的话题领域可以跨越经济、文化、教育、医疗、体育等社会生活的方方面面。凭借在线表达的随意性、发布形式的多样化、人际网络的社会化优势，社交媒体平台拥有着庞大的用户群以及海量用户生成内容，在这些信息资源中蕴含着丰富的主观性信息。

（二）社交媒体为医疗健康领域提供了必不可少的社会支持

伴随着"互联网+"新业态的快速推进，社会各行各业在结合自身行业特点的基础上，不断探索行业转型的新路径，实现与互联网的无缝对接与深度融合，积极促进整个产业结构的升级。当前，医疗健康领域正在向互联网寻求新的发展窗口，积极缓解社会医疗资源分配不均与不断增长的个人健康医疗需求间的突出矛盾。作为医疗健康行业的新方向，互联网医疗依托网络平台和计算机技术，可以在健康教育、信息查询、健康档案、疾病风险评估、心理健康咨询、电子处方、远程会诊、远程治疗和康复等方面为用户提供在线服务。

目前，面向医疗健康领域的专业在线平台有询医问诊、医疗论坛、健康资讯门户、心理健康咨询与评估、医疗预约及挂号、医药电子商务、健康大数据、医疗社区等类。医药健康平台的搭建为用户提供医疗健康信息搜寻、医药信息推荐、个人医疗健康评估与预警、疾病诊治等服务，给用户带来极大的便利。同时，综合性社交媒体平台也为医疗健康领域提供了必不可少的社会支持。在这些综合性社交媒体平台上，用户生成大量的健康、运动、饮食、保健等与医疗健康有关的数据，对这些数据资源进行有效利用，可以为用户、医疗机构以及药品生产商提供丰富的决策信息。这些信息成为开展医疗健康服务的重要参考信息来源。

（三）经济的快速发展使心理健康问题成为全社会关注的焦点

随着文明的进步和社会发展，健康已成为个人成长进步和社会和谐稳定的

---

① Wiebe, J., Wilson, T., Bruce, R., et al., Learning Subjective Language [J], Computational Linguistics. 2004, 30 (3): 277-308.

重要基石,其中心理健康所占的比重越来越大。心理健康指的是人在各个发展阶段能够具备合理认知、保持情绪稳定、促进行为适当和人际关系和谐、适应环境变化的良好状态。进入21世纪以来,科学技术巨变推动社会进入加速转型期,越来越快的生活节奏和日益加剧的竞争压力引发越来越多的个体心理问题和社会问题,心理健康问题的广泛存在与现实危害已引起全世界的高度关注。

根据世界卫生组织(World Health Organization)下属机构世界精神卫生调查联盟(World Mental Health Survey Consortium)2017年发布的数据统计显示,在世界范围内,存在心理健康问题的人口基本浮动率为5.1%~25.6%,全球14%的疾病困扰来自精神疾病。其中,抑郁症患者达3.5亿人,超过50%的人得不到有效治疗,在发展中国家这一比率达到75%,而在经济发展落后地区,这一比率高达90%[1]。具体到中国,这一状况也不容乐观。我国患有各类重度心理疾病的人群数量达到1600万;处于"亚健康"心理状态的人群高达70%,其中有1.9亿人一生无法摆脱心理疏导及治疗。在20岁以上的人群中,每年患有心理疾病障碍的人群以11.3%的速度增长,在年龄未满17岁人群中,患有心理障碍,进而影响学习、情绪、行为能力的未成年人约3000万人。大学生群体中有16.0%~25.4%的人有心理障碍[2]。同时,我国心理健康咨询起步较晚,心理健康服务从业人员存在极大的缺口,供需严重失衡,服务持续不足。

针对这一问题,世界卫生组织及各国政府采取了相应措施积极应对。按照2013年世界卫生大会和世界卫生组织通过的《2013—2020年精神卫生综合行动计划》安排,各会员国承诺致力于到2020年实现各国自杀率降低10%。相应地,2016年12月30日,国家卫生计生委、中宣部等22个部门联合印发《关于加强心理健康服务的指导意见》(国卫疾控发〔2016〕77号),该文件为我国出台的第一份加强心理健康服务的宏观指导性文件。如何更加有效地解决心理健康问题和提高心理健康服务水平,需要国家和社会各层面的支持和投入。由此,心理健康研究已逐步成为多个领域的研究热点。

---

[1] World Health Organization(WHO), *Global Report on Urban Health*, http://www.who.int/topics/mental_health/en/.

[2] 俞国良、董妍:《我国心理健康研究的现状、热点与发展趋势》,《教育研究》2012年第6期,第97~102页。

（四）传统的心理健康研究方法存在的弊端

心理健康研究以心理学专业知识为基础。心理学是一门研究人的心理特点和心理活动，以及对应的心理状态和现实行为表现的学科。目前，学术界一般将心理学大体分为普通心理学和应用心理学，其研究内容涵盖了人的感觉、认知、情绪、语言、行为、人格等诸多方面，与家庭、教育、健康、社会等领域的联系越来越紧密。心理学的研究机理通常是用大脑内部构成的运作机制来解释个体行为和心理机能，从而进一步阐释个体心理机能对社会行为和社会动力所产生的影响。因此，心理学本身融合了思维科学、自然科学和社会科学，是三者相互交叉的一门综合学科。

心理现象是一种内部的主观精神现象，这种内隐变量，必须借助外显指标才可以量化和测量。对心理现象的研究，通常以提出假设为起点，包括备择假设（符合研究预期）和虚无假设（与研究预期相反）。研究心理现象通常采用观察法、调查法、测验法和实验法来检验研究假设，从而得出较为翔实客观的研究结果。观察法主要是对心理现象进行系统观察的研究方法，观察对象为能够反映心理现象的外显行为。调查法主要包括问卷法和访谈法。问卷法通过被试评价问卷项目描述和自身实际情况的符合程度，判断其心理特征水平。访谈法是通过交流互动来获得心理信息的方法。测验法需要由专业机构制定的标准化试题对特定方面的心理变量进行相对全面准确的测量。实验法主要是探究变量之间的因果关系。在实际研究中，问卷法和测验法的应用最为广泛。从对心理健康的研究中发现，传统的心理学研究方法已取得了不少显著的成果，但是同时也发现其存在的弊端。

心理健康研究包括心理健康咨询[1]、心理疾病识别[2]、心理疾病诊疗[3]、心理健康行为分析[4]等。传统的心理健康研究通常采用样本抽样的方式对总

---

[1] Field T A., Clinical Mental Health Counseling: A 40-Year Retrospective [J], Journal of Mental Health Counseling, 2017, 39 (1): 1-11.
[2] Koelkebeck K, Uwatoko T, Tanaka J, et al., How Culture Shapes Social Cognition Deficits in Mental Disorders-A Review [J], Social Neuroscience, 2016, 10 (4): 18-23.
[3] Reardon C L, Factor R M., Sport Psychiatry: A Systematic Review of Diagnosis and Medical Treatment of Mental Illness in Athletes [J], Sports Medicine, 2010, 40 (11): 961-980.
[4] Harvey M T, Luiselli J K, Wong S E., Application of Applied Behavior Analysis to Mental Health Issues [J], Psychological Services, 2009, 6 (3): 212-222.

体进行研究，样本规模通常都十分有限，这就会使研究结论的有效性受到样本代表性的影响。同时，在对被试行为进行分析的时候，我们通常采用实验的方法。实验过程中对实验条件的控制会导致与被试真实情境下自然行为的偏离，因此数据具有较低的生态效度。另外，人们的心理活动具有即时性，传统方法收集的数据带有回溯性，也会影响数据分析的准确性。

（五）社交媒体数据挖掘为心理健康研究提供新思路

尽管计算语言学和自然语言处理研究已有较长的历史并取得了丰富的成果，但是情感分析直到2002年才由B. Pang和L. Lee提出，开始获得了极大的关注，并自此成为自然语言处理（Natural Language Processing，NLP）、计算语言学（Computational Linguistics）、信息检索（Information Retrieval）、机器学习（Machine Learning，ML）、人工智能（Artificial Intelligence，AI）等领域非常活跃的研究方向[1]。

情感分析（Sentiment Analysis）是指对带有情感色彩的主观信息进行分析、处理、归纳和推理的过程。其目的是自动发现和区分围绕目标的情感和观点，挖掘信息发布者在传达信息时所隐含的情绪状态，对其态度、意见进行判断或者评估[2]。特别是伴随着社交媒体的出现，研究者可以方便获取大量带有主观信息的数据，基于这些数据，规模性的情感分析研究才可以实现。从一定程度上来讲，情感分析是与社会媒体一同出现和发展的，是社交媒体数据分析中的核心研究内容。

社交媒体情感分析目前在网络舆情监控、公共事件预测、股票行情分析、商品个性化推荐、企业推广与市场调查等方面都已经取得了令人瞩目的成果。结合心理健康研究领域，可以看到，网络用户会通过使用社交媒体来表达其自身的观点、想法和情绪，并通过与他人的互动交流来获得心理上的自我满足。这其中就包含了大量有价值的情感信息，通过对网络文本内容进行情感分析，以及对网络行为进行挖掘，可以帮助我们获得多模

---

[1] Pang B, Lee L. Seeing Stars: Exploiting Class Relationships for Sentiment Categorization with Respect to Rating Scales [C] //Proceedings of the 43rd annual meeting on association for computational linguistics. Association for Computational Linguistics, 2005: 115-124.

[2] Liu B, Sentiment Analysis and Opinion Mining [J], Synthesis Lectures on Human Language Technologies. 2012, 5 (1): 1-167.

态的用户数据。利用自然语言处理以及深度学习技术，在结合心理学研究的基础上，解决传统心理健康研究中仅仅依靠调查问卷和评测量表时所带来的被动性、主观性、时效性和规模小等问题，以客观数据为驱动为心理健康研究带来新的突破。

本书正是在这种背景下，从社交媒体数据挖掘的角度，对社交媒体平台用户生成信息的语言特征及网络行为特征进行提取和建模，通过对主观性文本情感类别的判定以及情感主题的识别，结合心理健康中对用户行为相关指标的分析，来实现对网络用户心理健康状况的判断与预测，以期为互联网健康信息服务奠定良好的基础。

二 选题意义

现代社会生活节奏的加快，工作、生活、感情等方面都影响着现代人的身心健康，除了严重的心理疾病以外，人们更多经受着"失眠""焦虑""抑郁""无意义"等问题的困扰。因此，如何更加有效地解决心理健康问题、满足公众心理健康服务信息需求以及提高心理健康服务质量就显得尤为重要。通常来说，在整个心理健康援助体系的开展过程中，最为有效的应对措施就是对心理健康问题的及早辨识，这会直接影响到最终心理援助的整体效果。随着社会化网络的快速发展，以Facebook、Twitter、微博为代表的社交媒体平台成为获取个人生活轨迹和情感信息的重要平台，为解决传统心理健康研究中关键的时效性问题、规模性问题和主动性问题提供了一个良好的契机。因此，研究如何利用社交媒体数据对心理健康状态进行预测，不仅从理论层面对心理健康研究进行了拓展，还具有很高的实践价值。

（一）理论意义

将自然语言处理理论与方法拓展到心理健康研究领域。基于社交媒体情感分析的心理健康研究，首先是利用自然语言处理技术来对文本进行分析。根据临床医学上对于心理疾病类的诊断，患者的语言表达情况是一项重要的诊断指标。目前已有心理学领域学者对用户有关心理健康的语言特点进行了分析，但是主要是从心理学词汇统计的角度来进行。本书运用信息科学方法，从词语类别、语义类别、语言风格等方面展开，利用自然语言处理技术对心理健康文本进行深入研究，为大规模地开展心理健康服务奠定理论基础。

将深度学习理论与方法深入心理健康研究。在面向心理健康的社交媒体情感分析的过程中，需要从数据中提取有意义的特征作为模型的输入。传统的浅层机器学习方法大多考虑字符或者词与词之间词形上的联系，词义等内涵信息往往被忽略或未被全面考虑。基于深度学习的词向量表示技术，能够很好地体现词语的语法和语义关系，且可以依据语义合成原理有效地构建句子的特征表示向量。利用深度学习方法来挖掘深度词义知识，将学习到的高层次抽象特征进行训练，在特征表示上其比传统方法表现得更好。大量研究已经证实了深度学习在自然语言处理中的有效性，验证了它学习深度结构化知识的能力。将深度学习的理论与方法引入社交媒体心理健康情感分析，并根据不同的情感分析任务选择适当的特征并构建有效的深度学习模型，期望可以提高情感分析任务的效率，为心理健康服务奠定良好的技术基础。

（二）实践意义

深度挖掘社交媒体心理健康数据价值。社交媒体正在改变人们自我认同的方式，由于受疾病污名化以及社交障碍的影响，许多心理异常用户会通过社交媒体平台来排遣负面情绪或者记录个体生活。这些信息，为我们洞察心理健康和情绪危机提供了丰富的行为、语言、情感等数据。通过对这些数据的分析可以充分了解到用户在医疗保健体系以外的有用信息。本书基于社交媒体情感分析对用户心理健康进行研究，借助自动化的手段对心理健康数据进行深度挖掘，可以为临床医疗系统提供直接或者间接的证据以及潜在的信号，还可以利用研究成果来构建反社会人格预测、社会安全监控、心理疾病药物不良反应知识等方面的系统。

改变心理健康援助体系的现状。从个体的角度来看，心理健康素养的高低会直接影响心理健康问题的识别、管理和预防，同时社会对于心理疾病的偏见性也成为人们及时获得心理健康服务的重要障碍。而传统的心理健康咨询大多是建立在专家系统[1]基础之上，即研究对象在提前告知的情况

---

[1] Huang L X, Du H Q., A Web-based Management System on Undergraduates Psychological Archives Establishment [J], Journal of Baoding Teachers College, 2006, 26 (3): 43-45.

下配合心理工作者完成系统测试才可以辨别心理健康程度。对于现实中公众心理健康素养低、心理疾病污名效应的问题，传统的心理健康服务则无法及时有效地开展。这些问题所带来的直接影响导致了心理援助效果的不理想，所以急需结合现代技术对原有方法进行改进与突破，来实现心理健康援助体系的主动性、及时性、规模性和普适性。社交媒体生成数据的自动识别可以提高心理健康援助体系的有效性。

第二节 国内外研究现状分析

一 相关文献梳理

情感分析是数据挖掘的核心任务，近几年持续成为自然语言处理领域的热点研究问题之一。众多学者在 SIGIR、ACL、CIKM、WSDM、WWW 等著名国际会议上展示在这一方向丰富的研究成果。在国内，对于情感分析的研究也正处于快速上升阶段，中文倾向性分析评测（COAE）持续在词语级、句子级、篇章级上进行中文情感分析评测，任务涉及主客观分析、情感极性分析、评价对象抽取、搭配抽取、比较句和否定句抽取等方面。通过开展评测，推动和加速了中文情感分析理论研究的发展。同时，随着公众医疗健康理念与健康信息需求的改变，医疗健康关注度显著提升，在线医疗健康领域已成为业界和学术界共同关注的热点，其中结合社交媒体是医疗健康领域研究的重点方向[①]。本书从社交媒体情感分析的角度对用户心理健康进行研究，按照主题范围从以下两个方面对文献进行梳理：情感分析、基于社交媒体的心理健康研究。

本书以武汉大学图书馆数据库为入口，选取 Web of Science、ProQuest、Elsevier Science、CNKI 期刊论文、学位论文、会议论文、维普期刊资源整合服务平台、万方数据知识服务平台等作为来源数据库，在此基础上，为保证数据来源的及时性和完整性，辅以 Google Scholar、Research Gate、百度学术搜索进行查找。本书对国内外相关文献进行统计：国外数据库查询，以 "social media" "sentiment analysis" "opinion mining" "sentiment classification" "sentiment

---

① 吴江、黄晓、董克：《基于知识图谱的在线医疗研究综述》，《信息资源管理学报》2016 年第 2 期，第 4~12 页。

orientation analysis""mental health (illness)""online medical (health)"为关键词;国内数据库查询,以"社交媒体""社会化媒体""情感分析""意见挖掘""情感分类""文本倾向性""心理健康""在线医疗"等为关键词,对主题、题名、关键词、摘要等可检索字段进行检索,论文发表起止时间不限,检索时间为 2016 年 11 月 16 日,最终将文献进行主题筛选,获得国内外相关文献趋势(如图 1-1 所示)。

	2005年	2006年	2007年	2008年	2009年	2010年	2011年	2012年	2013年	2014年	2015年	2016年
情感分析	18	27	36	37	42	46	41	64	95	102	113	109
基于社交媒体的心理健康研究	8	12	17	13	9	16	23	19	19	33	49	56

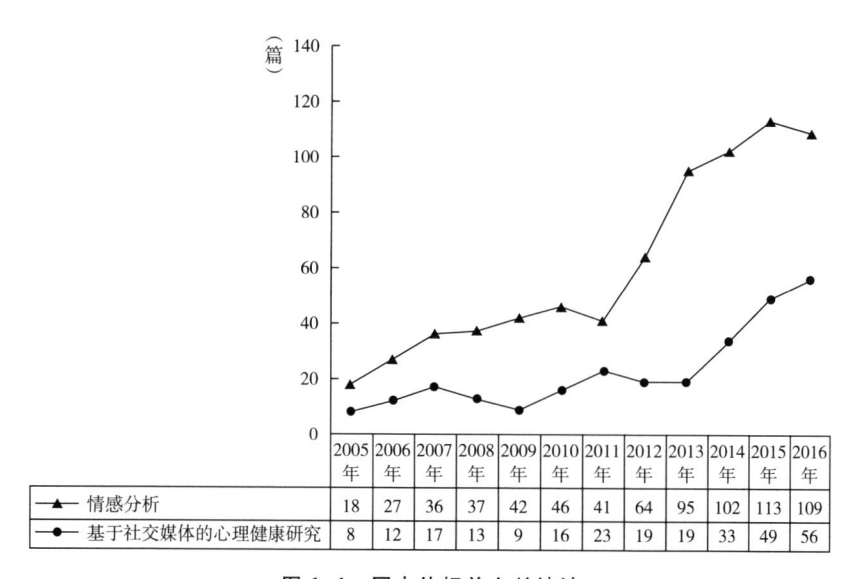

图 1-1 国内外相关文献统计

"情感分析",从 2000 年开始出现相关研究,2013 年研究量突增,2015 年达到最热点,至今有 700 多篇研究成果,总体呈现稳步上升趋势。基于社交媒体的心理健康研究,从 2004 年开始,2014 年研究量上升,到 2016 年达到最热,目前仍处于上升趋势,至今有相关研究成果 200 多篇。可以看到,运用社交媒体情感分析对用户心理健康进行研究既具备一定的理论基础,同时又具有上升的研究空间。

从对文献进行梳理的过程中可以看到,有关情感分析的研究,已经涉及网络金融、在线医疗、网络营销、电子服务等行业领域,关联到管理学、图书情报学、计算机学、语言学、心理学、认知科学、统计学、社会网络分析及数据挖掘等多个学科知识,是一个复杂的交叉学科领域。

二　情感分析研究进展

情感分析（Sentiment Analysis）是运用计算机技术对特定文本所带有的主客观属性和所表达的观点、情绪等进行挖掘和分析，从而判断文本具有的情感倾向性。狭义的情感分析指的是就信息发布者对某种事物所持观点进行"赞成"或"反对"的分类[1]；广义的情感分析则还包含分析文本所传达的信息发布者的心理态度。在社交媒体平台上，由于生成文本大多为非结构化或者半结构化，利用自动化技术进行有效并且准确的关键信息提取以及情感极性分类是个极大的挑战。针对文本中涉及的主观态度、情感偏好的信息，需要开发更为精准并且高效的信息工具来进行处理。

情感分析包含多项复杂的子任务，在国内外评测会议对情感分析任务的划分、综合文本情感分析领域的研究成果和已有的情感分析技术的基础上，按照研究层次，可以把情感分析任务分为三个方面：情感信息提取、情感分类和情感信息检索与归纳[2]。结合本研究的具体内容，本书将从情感信息提取和情感分类两方面进行综述和研究。

（一）情感信息提取

在情感分析过程中，情感信息提取（Sentimental Information Extraction）是底层的任务，是进行其他情感分析子任务的前提和基础。情感信息提取首先要设定情感单元定义，进而按照特定规则对文本中带有情感特征的要素进行提取[3]，即对文本进行结构化处理，并输入计算机。这种规模化的信息处理任务为后续情感分析任务提供了数据及技术支撑。根据要素划分，情感信息提取包含三个部分：情感词提取、情感主题提取和情感关系提取。

1. 情感词提取

情感词是指带有情感色彩和意义的评价性词语，是对文本表达进行情

---

[1] 周立柱、贺宇凯、王建勇：《情感分析研究综述》，《计算机应用》2008年第11期，第2725~2728页。
[2] 李超：《社交网络中情感分析技术研究》，国防科学技术大学，2013。
[3] 黄萱菁、张奇、吴苑斌：《文本情感倾向分析》，《中文信息学报》2011年第6期，第118~126页。

感倾向性判断的主要标志和重要依据。按照语言学分类方法，文本中的情感词主要为形容词、动词、副词、部分名词以及一些习语或者短语。在研究初期，通常采用基于词典和语料库两种方法来进行情感词提取。

（1）基于词典的方法。其原理是判断与收录在词典中词语之间的词义联系来挖掘情感词。目前，文本情感分析领域还没有一部通用的情感词典。在国外，由哈佛大学开发的 General Inquirer（GI）词典[①]，是英文情感分析研究的常用资源，该词典不仅将每个词的义项详细标出，还对其情感属性进行了标注。此外，由普林斯顿大学的心理学、语言学和计算机领域专家联合开发的 WordNet 词典[②]，也是英文情感分析研究使用频率较高的数据资源。它采用基于关系的语义描述理论建立的词汇信息数据库系统，通过在同义词集合之间建立同义、反义、整体、部分、上位、下位等多种语义关系来组织同义信息。其他比较有代表性的情感词典有：General Inquirer lexicon、Sentiment lexicon、SentiWordNet、Emotion lexicon、MPQA 等。国内目前常用的词典有知网的中文情感词典 HowNet[③]、中国台湾大学整理的中文情感词典（NTUSD）、哈尔滨工业大学信息检索实验室整理的《同义词词林（扩展版）》以及大连理工大学信息检索研究室构建的情感词汇本体库[④]。

情感词的提取可以利用现有词典直接提取，也可以通过自建词典的方法，拓展出面向具体领域的情感词典来对未登录词进行极性判断。该方法的基本原理是首先确定词典中的情感种子词，然后以种子词为源数据将情感词典不断扩展。扩展时，对于目标词与种子词之间的关系计算通常采用共现的互信息、上下文的相似度、最大熵模型等方法，然后确定目标词的情感倾向。

M. Hu 和 B. Liu 提出在情感词提取中采用基于词典种子词的方法，先将 WordNet 词典中的词汇定为种子词，然后通过同义和反义两种语义关系进行

[①] Stone P J, Dunphy D C, Smith M S., The General Inquirer: A Computer Approach To Content Analysis [J], American Journal of Sociology, 1968, 73 (5): 375-376.
[②] Miller G A, Beckwith R, Fellbaum C, et al., Introduction to WordNet: An On-line Lexical Database [J], International Journal of Lexicography, 1990, 3 (4): 235-244.
[③] 董振东、董强、郝长伶：《知网的理论发现》，《中文信息学报》2007 年第 4 期，第 3~9 页。
[④] 徐琳宏、林鸿飞、潘宇等：《情感词汇本体的构造》，《情报学报》2008 年第 2 期，第 180~185 页。

比对，根据相似性归纳整理出具有正性和负性两种词性的情感词典。S. M. Kim 和 E. Hovy 将人工采集的情感种子词与词典进行比对关联，从而得出大量的情感词。① 朱嫣岚等使用 HowNet 平台总结提出基于词汇语义相似度和语义相关场的情感极性计算方法，通过词频加权可以使中文情感词抽取的准确率达到80%以上②。总体来说，基于词典的方法在初期主要沿用的是 P. D. Turney 基于点互信息（PMI）的思想③，即从已有情感词典中抽取相当数量的情感种子词，通过语义相似度进行情感词提取。

总体来看，基于词典的方法具有操作简单、获取情感词准确、可扩展的优点。特别是在英文文本上表现良好，因为英文候选情感词大都以形容词、动词、副词为主，情感表达显而易见。但在中文文本尤其是微博数据上，名词的引入以及中文词语多义性所带来的噪声，很难仅用相似度计算的方法来消除。同时，领域适应性问题也比较突出，情感词典在跨专业领域问题上方法效果不佳。

（2）基于语料库的方法。其原理是对大型语料库进行统计学分析，根据统计特性，挖掘语言搭配关联特性。研究初期，学者发现由连词连接的形容词之间存在一定的关联性，因此，采取统计的方法对词汇进行归类，实现形容词性情感词的批量提取④。随着研究的深入，J. Zhu 在句子分割模型的基础上，通过改进多特征引导算法，来实现以特征为基准的情感词提取方法。这种多特征引导算法以常用名词为种子词，每个特征包含5个种子词，通过对餐饮评论语料库的实验，情感词抽取的准确率达到了75.5%⑤。C. Lin 等构建了一种共同情感话题模型（JST）并进行情感词抽取，JST 模型

---

① S. M. Kim, E. Hovy. Determining the sentiment of opinions［C］//Proceedings of COLING，2004：1367.
② 朱嫣岚、闵锦、周雅倩等：《基于 HowNet 的词汇语义倾向计算》，《中文信息学报》2006年第1期，第14~20页。
③ Turney P D. Thumbs Up or Thumbs Down? Semantic Orientation Applied to Unsupervised Classification of Reviews［C］//Proceedings of the 40th Annual Meeting on Association for Computational Linguistics，Association for Computational Linguistics，2002：417-424.
④ Wiebe J. Learning subjective adjectives from corpora［C］//AAAI/IAAI. 2000：735-740.
⑤ Zhu J，Wang H，Zhu M，et al.，Aspect-based Opinion Polling from Customer Reviews［J］，IEEE Transactions on Affective Computing，2011，2（1）：37-49.

是建立在 4 层分层贝叶斯模型之上,它是一种修正的 LDA 模型①。实验结果表明,共同情感话题模型从文本中抽取出情感观点词的准确率达到 76.6%。

相比情感词典的构建,情感语料库的建设起步较晚。目前,大多数情感语料来源于在线评论数据,主要是根据情感分析任务类别来进行人工标注。由于情感分析任务具有领域性较强的特点,现有情感语料库基本是面向具体领域的。目前国外比较有代表性的语料库有:NTCIR Multilingual Corpus、Cornell Movie-review Datasets、Multiple-Perspective Question Answering 等;国内有:清华大学的汉语均衡语料库、中科院跨语言语料库、哈工大信息检索研究室对外共享语料库资源、COAE 评测会议开放的微博语料库等。其中,影评数据集、电子产品评论、书评和酒店评论作为使用较多的原始语料素材,由于其标注尚不精细,应用范围受限,一般应用于粗粒度情感倾向研究。这一方法对语料库建设的要求较高,语料库标注程度和精确度直接决定情感倾向分析结果的准确度。

2. 情感主题提取

主题(Topic),即用户评论的对象,又称"特征"(Feature)、"方面"(Aspect)。情感主题提取的目的是从文本中提取或推测出评论目标的文字表达。以商品评论为例,其提取目标为商品特征或商品属性;以新闻评论为例,其提取目标是重大事件及热点话题。评论中的主题可以分为显式(Explicit)主题和隐式(Implicit)主题两类。显式主题即评论语句中直接呈现出主题的文字表达,可以通过对词汇和短语的统计进行识别。而隐式主题是指评论中没有直接表达主题的文字出现,但是通过语义分析可以推测出评论的主题。

(1) 显式主题的提取。目前一般采用基于语言规则和基于概率模型两种方法实现显式主题提取。在基于语言规则的方法中,M. Hu 和 B. Liu 利用对频繁项集构建候选主题集合进行过滤的方法最为经典②。其中,对主题进行过滤时,可以使用紧密度过滤,即判断数据集中频繁出现的词汇和短语在语句中的距离,通过判断是否符合设定紧密条件来决定是否过滤掉虽频繁出

---

① Lin C, He Y, Everson R, et al., Weakly Supervised Joint Sentiment-topic Detection from Text [J], IEEE Transactions on Knowledge and Data engineering, 2012, 24 (6): 1134-1145.
② Hu M, Liu B. Mining opinion features in customer reviews [C] //AAAI. 2004, 4 (4): 755-760.

现却无法构成词组的集合。这一过程还可使用冗余过滤法,即设定冗余判定值P-support,将非名词词汇和词组过滤掉。L. Zhuang 等人提出了利用语法依赖关系(主题和情感词之间的关系)来提取主题,在训练大量数据的基础上确定词性标签和依赖关系标签,然后通过提取"subject-sentiment"关系来得到语句的主题[1]。研究中发现,基于语言规则的方法在特定领域内效果较好,但是跨领域适用性不佳,同时,还需要有大量的数据分析和严密的规则设定,因此,这种方法在实际应用中有一定的限制。

除了基于语言规则的方法以外,还可以使用基于概率模型的方法进行显式主题的提取。W. Jin 等人提出了一种在词汇化 HMM 框架下构建的新型机器学习方法,这种方法将多种重要的语言特征融合到自动学习中来实现对评论主题的提取[2]。Y. Lu 等人则提出了一种基于概率的非结构化 PLSA 模型,运用隐含概率语义分析方法(Probabilistic Latent Semantic Analysis)来提取短文本主题,将评论的表达形式简化为二元组(Head Term,Modifier)的形式,其中 Modifier 表示修饰词,即情感词,Head Term 代表被修饰对象,即主题,将修饰词与被修饰词之间的共现关系融合到 PLSA 模型中,然后基于隐含概率语义分析方法将 k-unigram 模型进行主题发现和聚类,最后通过期望最大值算法估计出模型参数[3]。从实验结果来看,基于概率模型的方法虽然取得了一定的效果,但对大规模数据的提取效果不佳。

(2)隐式主题的提取。实际评论文本中存在大量的隐式主题,它们的表达形式也呈现出多样化特点。研究发现,形容词表达是隐式主题最常见的表达形式[4]。通常情况下,通过对形容词的分析可以提取到对特定主题的评价。但是,由于跨领域问题,相同文字表达会出现语义转移现象,因此,如何确定文字表达与隐式主题之间的关系问题是隐式主题提取的关键和难点。

---

[1] Zhuang L, Jing F, Zhu X Y. Movie Review Mining and Summarization [C] //Proceedings of the 15th ACM International Conference on Information and Knowledge Management. ACM, 2006: 43-50.

[2] Jin W, Ho H H, Srihari R K. Opinion Miner: A Novel Machine Learning System for Web Opinion mining and Extraction [C] //Proceedings of the 15th ACM SIGKDD International Conference on Knowledge Discovery and Data Mining. ACM, 2009: 1195-1204.

[3] Lu Y, Zhai C X, Sundaresan N. Rated Aspect Summarization of Short Comments [C] //Proceedings of the 18th International Conference on World Wide Web. ACM, 2009: 131-140.

[4] Zhang L, Liu B. Aspect and Entity Extraction for Opinion Mining [M] //Data Mining and Knowledge Discovery for Big Data. Springer Berlin Heidelberg, 2014: 1-40.

Z. Hai 等人提出利用关联规则和主题词聚类多循环两步法来挖掘隐式主题。首先，运用关联规则对频繁共现的情感词和主题词进行挖掘；其次，以情感词作为条件、主题词为结论；再次，生成关联规则并进行主题聚类，同时形成多个主题词簇，将主题词簇和情感词重新组合形成新的关联规则；最后，通过两步法多次循环操作，为给定的情感词找到相应的主题词簇，并将该词簇中最有代表特征的主题词确定为所要提取的隐式主题[1]。还有研究者使用基于 LDA 和支持向量机算法对隐式主题进行抽取。通过显式主题模型构建先验知识，然后利用 SVM 分类，以提取显式和隐式主题特征[2]。隐式主题提取难于显式主题，其核心是如何确立文字表达与隐含主题间的映射关系。

3. 情感关系提取

情感关系提取的目的是识别评价语句中的评价词与其所修饰评价对象之间的关系，通常以评价对象、评价词的二元组形式表示。如"比特币价格涨幅很高"一句中，评价词与评价对象之间的修饰关系为"价格—高"。

情感关系提取常用基于模板的方法。N. Kobayashi 等人在研究词语之间修饰关系过程中，总结建立出 8 个共现模板，用以描述评价对象和评价词之间的关系。但是这种方法仅仅是对词汇间关系的浅层表示，准确率存在一定的误差[3]。有学者还尝试使用句法关系模板来对评价对象和评价词间的修饰关系进行深度分析，引入句法分析这一自然语言处理领域的常用方法，以输入语句中的句法特征为主要知识源，生成短语结构树，通过树结构来表示输入语句中各部分之间的关系[4]。

K. Bloom 等人利用斯坦福大学的句法解析工具构建了 31 条句法规则[5]。T. F. Yao 等人通过依存句法分析总结出"上行路径"和"下行路径"的匹

---

[1] Hai Z, Chang K, Kim J, Implicit Feature Identification Via Co-occurrence Association Rule Mining [J], Computational Linguistics and Intelligent Text Processing, 2011: 393-404.
[2] Xu H, Zhang F, Wang W, Implicit Feature Identification in Chinese Reviews Using Explicit Topic Mining Model [J], Knowledge-Based Systems, 2015, 76: 166-175.
[3] Kobayashi N, Inui K, Matsumoto Y, et al., Collecting Evaluative Expressions for Opinion Extraction [J], Natural Language Processing-IJCNLP 2004, 2005: 596-605.
[4] 郝腾达，《中文微博情绪分析技术研究》，浙江工商大学硕士学位论文，2015。
[5] Bloom K, Garg N, Argamon S. Extracting Appraisal Expressions [C] //HLT-NAACL, 2007: 308-315.

配规则[①]。王娟等人基于短语的内部结构和句法功能，深入地分析评价对象及其对应的评价短语在句中的句法位置，再结合情感句中词性和词对间的依存关系制定了10条句法规则来对情感关系进行提取[②]。可以看到，这些研究更多的是对评价对象和评价词之间深层关系的挖掘。但是，由于在匹配规则或模板制定的过程中人工参与比较多，这些研究存在误差以及覆盖率较低的问题。因此，在对关系提取过程中，我们应重视对评价对象和评价词之间的匹配规则自动生成策略的研究。

（二）情感分类

情感分类（Sentiment Classification）是情感分析技术的核心问题，其目标是解决文本情感倾向性的自动判断。情感分类包括主客观分类、主观信息情感分类。对给定的文本按照不同的粒度单元，采用不同的分类方法来进行情感极性判断。本书主要研究的是社交媒体用户生成的主观性文本，因此对主客观分类方法不做赘述。按照情感的粒度划分，情感分类分为三种：正性/负性（Positive/Negative）二分类、正性/负性/中性（Positive/Negative/Neutral）三分类以及多元分类（愤怒、高兴、悲伤、厌恶、惊奇、恐惧）。随着情感分析研究的不断深入以及用户需求的不断提高，按照文本类型划分，情感倾向性分析可分为词汇级、短语级、句子级和篇章级等研究层次。

1. 词汇、短语级情感分类

一般来讲，情感分析中的最基本单元就是词汇及短语。用户在文本中表达的观点往往会通过几个关键词或者短语即可显示出来，词汇与情绪的传递有着极大的相关性。词汇或者短语的情感倾向性是判断文本对象情感色彩的基础。在对词汇或者短语级情感分类的过程中，目标词汇或者短语的倾向性及强度是其判断的主要任务。通常用 [-1, 1] 这个区间中的某个数值作为判断情感词极性的标准。情感值大于0的作为正性词，情感值小于0的作为负性词，情感值等于0的作为中性词。在实际的词汇或者短语倾向性判断中，不能简单地对其正负性进行界定，还必须结合上下文语义进行

[①] Yao T F, Nie Q Y, Li J C, et al., An Opinion Mining System for Chinese Automobile Reviews [J], Frontiers of Chinese Information Processing, 2006: 260–281.
[②] 王娟、曹树金、谢建国：《基于短语句法结构和依存句法分析的情感评价单元抽取》，《情报理论与实践》2017年第3期，第107~113页。

判别。由此，根据判定标准的动态性，对词汇及短语的极性进行先验和后验极性的划分①。先验极性（Prior Polarity）表示词汇或者短语的固有极性，可以在词典中直接获取，属于其本身的情感标签。而后验极性（Posterior Polarity）属于词汇或者短语动态化的极性，会伴随着实际情境的变化发生改变，对其极性判断不可一概而论。

通常采用人工标注和机器识别混合的方式对词汇或者短语的倾向性进行判断。第一步，需要通过人工建立起具有典型倾向性色彩的种子词集合；第二步，通过机器算法分析目标词与种子词之间的同义或者反义关系；第三步，在结合其他语言规则的条件下完成对目标词的正负性分类。另有部分研究者对目标新词倾向性的判断是通过研究目标词与种子间的统计关系来进行的。其中，以 P. D. Turney 的词汇共现与距离方法为典型代表，这一方法的原理主要是利用了词汇间的共现关系以及余弦距离来衡量词汇间的差异性。其在研究中通过构建查询指令并输入检索系统中，利用信息检索系统中所反馈的查询数据结果对词汇间的关联性进行计算。之后，P. D. Turney 和 M. L. Littman 按此方法将单个词对基准词扩展到多个词对基准词，并采用关联算法分别计算出目标词与种子词之间的关联度来判断目标词的情感极性②。

同时，C. E. Osgood 的语义区分度理论（Charles Osgood's Theory of Semantic Differentiation）也在词汇、短语的情感度量方面发挥了巨大作用。以词汇或者短语之间的语义差异为衡量标准的量表简称"语义差异量表"。其主要收集形容词的词汇或者短语，并且对种子形容词以正反义关系进行扩展。同时，对种子形容词与其同义词、近义词以及反义词之间进行 7 级分区，并对每个种子词赋予一个影响因子。对于任意一个目标词或者文档，可以通过多因子的方式进行描述，这样就可以将目标词的语义完整地表示出来。基于这种思想，借助训练样本中用户所选择的两个相反形容词的区间，可以反映出测试样本中用户对性质不同词汇的反应强度③。

---

① 曹高辉：《基于语义理解的意见挖掘研究》，武汉大学博士学位论文，2010。
② Turney P D, Littman M L, Measuring Praise and Criticism: Inference of Semantic Orientation From Association [J], ACM Transactions on Information Systems (TOIS), 2003, 21 (4): 315-346.
③ Osgood C E, The Nature and Measurement of Meaning [J], Psychological bulletin, 1952, 49 (3): 197.

对中文情感词及短语的分析，主要是建立在构建情感词库的基础上。为了提高分析的准确度，通常对情感词库进行扩展，即首先构建种子基准情感词典，其次利用词汇之间的同、反义关系以及共现关系实现新词收录，最后对出现的新词集合进行二次筛选。这一过程需要不断地进行循环操作，当无新目标词生成则结束整个流程[①]。还有学者结合中文网络语言特点在构建基准情感词典的基础上，以极性为正性的单词作为种子词进行扩展，也利用语义共现以及同反义关系算法，在构建初始极性词典以外，同时将负性词和强调词一并纳入词典中，从而丰富了词汇倾向性判断的标准[②]。可以看出，目前对词汇及短语级情感分类的方法比较依赖情感词典的构建，这种方法带来的弊端较为明显。尤其是在中文语言环境下，由于上下文语境的动态变化带来的困难，仅仅从词汇或者短语级粒度进行情感分类则难以取得较为满意的分类结果。

2. 句子级情感分类

对于文本的情感倾向性判断，在研究的初期，一般会采用词汇匹配技术。但是，由于一个短文本会涉及多个语句，每个语句的情感倾向性经常会出现不同甚至相反的情况，仅仅使用词汇匹配技术对词汇或者短语进行简单累加，不能够真正反映出文本的整体情感倾向性。针对于此，必须采取句子级别的情感分析方法。G. Fu 和 X. Wang 在其研究中，采取构建语义模型的方法对句子进行分析，先对原始语料集进行句子极性标注，然后将待判定句子与语料集中的句子进行模式匹配，通过计算句子之间的相似度来完成目标语句的极性分类[③]。刘康等通过构建多粒度堆叠式模型来对文本进行分析，这种模型结构涉及多个模型的层级关系，采取分步多粒度的判断方法，这种堆叠式结构使句子的倾向性类别和情感强度实现由粗粒度到细粒度的逐步分层识别，这种分析思路不仅实现了对句子的倾向性判断，

[①] 乔春庚、孙丽华、吴韶等：《基于模式的中文倾向性分析研究》，第一届中文倾向性分析评测研讨会，2008，第 21~31 页。

[②] 岳笑峥：《基于领域本体的意见挖掘系统》，北京邮电大学硕士学位论文，2008。

[③] Fu G, Wang X. Chinese Sentence-level Sentiment Classification Based on Fuzzy Sets [C] // Proceedings of the 23rd International Conference on Computational Linguistics: Posters. Association for Computational Linguistics, 2010: 312-319.

还将句子情感强度也考虑在内，有效地提升了分类的正确率①。

此外，在句子级情感分析中引入上下文关系也会提升分析的有效性。D. Levy 和 Y. Goldberg 通过使用依存语法路径来学习词向量，并将上下文关系引入 Skip 模型中以处理情感分类任务。实验表明，运用这一方法可以使句子级情感分析的准确性得到有效提高②。

基于深度学习的句子级分布式表示算法提出后，句子或段落从词语分布式表示复合实现了句子或段落分布式表示，使句子或段落分布式表示得以应用于文本情感分析中。T. Mikolov 等人首先发现 RNN 可以学习词汇之间的类比关系（如 man-woman ≈ king-queen）③。R. Socher 等人在斯坦福大学开发的情感树库上运用 RNN 模型开展实验，利用递归神经张量网络模型对句子进行复合并且在每个复合节点上进行情感极性的判断，最终在根节点上得到整个句子的情感倾向性。实验结果表明该算法在单个句子的正、负面两分类问题上将正确率从 80.1% 提高到了 85.4%，相较于基于特征袋的方法其分类性能提升了 9.7%④。

近年来，通过词语分布式向量表示，复合得到句子或段落分布式表示的方法，得到越来越广泛的认可和应用。句子或段落的分布式表示也越来越多地应用于文本情感分析中。N. Kalchbrenner 和 E. Grefenstette 在 2014 年提出的基于 CNN 的文本情感分析模型中，通过调节实验参数和加入统计词向量，使原理简单的 CNN 模型在情感分析任务中获得了相当不错的分类性能⑤。

3. 篇章级情感分类

篇章级是情感分析中最简单的级别。这种分析方法将文本设定为只存

---

① 刘康、赵军：《基于层叠 CRFs 模型的句子褒贬度分析研究》，《中文信息学报》2008 年第 1 期，第 123~128 页。
② Levy O., Goldberg Y. Dependency-Based Word Embeddings [C] //Meeting of the Association for Computational Linguistics. 2014：302-308.
③ Mikolov T, Chen K, Corrado G, et al., Efficient Estimation of Word Representations in Vector Space [J], ArXiv Preprint ArXiv：1301.3781, 2013.
④ Socher R, Perelygin A, Wu J Y, et al., Recursive Deep Models for Semantic Compositionality Over a Sentiment Treebank [C] //Proceedings of the Conference on Empirical Methods in Natural Language Processing (EMNLP). 2013, 1631-1642.
⑤ Kalchbrenner N, Grefenstette E, Blunsom P. A Convolutional Neural Network for Modelling sentences [J], ArXiv Preprint ArXiv：1404.2188, 2014.

在一种情感极性①。因此，篇章级情感分析的方法是从整体上对文本进行极性判断，一般分类结果为二分类。对于整体情感极性的判断，也可以采取直接累加情感词得分或者拆分为句子级情感极性判断的方法。采用情感词的方法主要是对文本中的情感特征词进行统计，并赋予每个情感词对应一个情感得分，将所有情感词的值进行汇总计算，最终得到的数值即为整篇文本的情感极性值。C. Whitelaw 等正是利用这种方法对整篇文档中的情感词进行匹配赋值，经过计算所有情感特征词的情感得分来得到文本的整体情感值②。

同时，还有另外一部分学者提出，文本的整体情感倾向性仅仅是由其中的核心主观情感句来决定。这种思路的验证首先需要对文本进行主客观分类。C. Ma 等采用最优分割方法对文本的主客观部分进行分类，然后在此基础上针对其中的主观情感句进行句子级情感分析，将最终获得的主观情感句的情感极性作为整体篇章的情感分类依据③。还有学者通过构建情感倾向性语义模式库来进行文本分类，主要对文本与语义库中的模式进行匹配，符合匹配模式的为+1，不符合匹配模式的为-1，最后将所有匹配值进行汇总以判断整个篇章的情感极性，结果为正值的判断为积极情感，结果为负值的判断为消极情感④。

在对篇章级情感分类研究中，P. D. Turney 提出的情感倾向点互信息算法（SO-PMI）是篇章级情感分类研究应用最广的方法。该方法在词语情感倾向（Semantic Orientation）计算中引入 PMI 法，基本原理为：先分别选取褒义词和贬义词各一组作为基准词，这些词必须是倾向性非常明显且极具领域代表性的，用"excellent"和"poor"表示；再用一个非基准词"word"与"excellent"的点互信息减去其与"poor"的点互信息，所得差值若大于 0 则

---

① Feldman R, Techniques and Applications for Sentiment Analysis [J], Communications of the ACM, 2013, 56 (4): 82–89.
② Whitelaw C, Garg N, Argamon S, Using Appraisal Groups for Sentiment Analysis [C] // Proceedings of the 14th ACM International Conference on Information and knowledge management. ACM, 2005: 625–631.
③ Ma C, Prendinger H, Ishizuka M, Emotion Estimation and Reasoning Based on Affective Textual Interaction [J], Affective Computing and Intelligent Interaction, 2005: 622–628.
④ Yi J, Nasukawa T, Bunescu R, et al., Sentiment Analyzer: Extracting Sentiments About a Given Topic Using Natural Language Processing Techniques [C] //Data Mining, 2003. ICDM 2003. Third IEEE International Conference on. IEEE, 2003: 427–434.

判定该词情感倾向为正,差值小于0则判定该词情感倾向为负,差值等于0时说明该词为中性[①]。

基于情感词典及句法规则的词语级情感极性判别是文本情感极性判断的基础,这种方法有较高的准确性和较好的扩展性,但是也存在对语料库及情感词典的规模和质量要求比较高的缺点,同时,仅依靠情感词汇作为情感分析的依据是不够的。篇章级主要从整体上判断文档的情感倾向,操作相对比较简单。但是,这种粗粒度的分类方法存在较为明显的缺陷,在实际应用中其准确率相对较低。特别是在面对社交网络中生成的大量非结构化文本时,这种方法往往无法进行实际操作。在对比词汇、短语级,句子级以及篇章级情感分类方法后,可以发现,句子级情感分类方法表现最优。因此,本书选取句子级情感分析作为本研究的内容。

三 社交媒体在心理健康领域的研究

目前,社交媒体平台的使用已成为人们进行社会交往生活和传递个人情感密不可分的一部分,用户在社交媒体平台上可以不受空间和时间限制,随意发布文本、图片、视频、链接等各种信息,正是这种不经意留下的网络痕迹蕴含着大量有价值的信息。这些信息,为我们洞察心理健康和情绪危机提供丰富的行为、语言、情感等数据。通过对这些数据的分析,我们可以充分地了解到心理异常用户在医疗保健体系以外的有效信息,研究这些"空白地带"为分析情绪危机提供直接或者间接的证据以及潜在的信号(潜意识语言选择),成为临床医疗系统的有效补充和重要参考来源[②]。

(一) 社交媒体文本分析在心理健康领域的研究现状

早期研究主要集中于对心理疾病患者语言特征的统计分析。S. Rude 等通过 LIWC 对文本进行语言统计分析,揭示了关于神经质倾向和精神障碍的

---

① Turney P D. Thumbs Up or Thumbs Down? Semantic Orientation Applied to Unsupervised Classification of Reviews [C] //Proceedings of the 40th Annual Meeting on Association for Computational Linguistics. Association for Computational Linguistics, 2002: 417-424.
② Coppersmith G, Hilland C, Frieder O, et al., Scalable Mental Health Analysis in the Clinical Whitespace Via Natural Language Processing [C] //Biomedical & Health Informatics (BHI), 2017 IEEE EMBS International Conference on. IEEE, 2017: 393-396.

用户情绪表达规律，通过样本对比分析，实现了对抑郁症和偏执狂患者群体的分类①。LIWC 是一款计算各种格式文本中各类词汇使用频率的专门程序，会按照语言过程、心理过程、个人关切和口语 4 个大类将词汇划分出 88 种。其良好的信效度表现已使其被应用于自杀意念分析、情绪、人格等心理特征分析研究中②。J. A. Woosley 等人在研究自杀群体的语言行为中发现，具有自杀倾向的人群会比其他人更多地使用关于死亡的词汇，且这类人群对未来普遍感到茫然无助、看不到希望，因而在语言表达中很少会使用关于未来的词汇③。不少学者在研究中发现，在语言匹配对照中，患有精神疾病的人在一些特定词语类别上的使用与其他用户不同，例如使用第一人称单数"我"（英文"I"）的频率更高④⑤。X. Wang 等根据语言规则创建词库分析微博语句的潜在抑郁倾向，再结合用户行为特征建立起抑郁预测模型，该模型准确性可以达到 71.4%⑥。

随着社交媒体的广泛使用，可用于此类数据分析的方式大大增加。其中，封闭词汇—单词计数法最为常用，这个方法以单词列表为基础，结合词汇类别（例如：代词），首先统计出这些词在文本中的使用频率，再对频率大于 60 的词汇按类别进行自动识别，例如代表"情感过程"的名词快乐、哭泣、紧张，或者代表"社会过程"的名词伴侣、朋友、谈话等。这种方法是从预定义的词类开始的，所以其被描述为"封闭词汇"⑦。由于封闭法操作简单，其

---

① Rude S, Gortner E M, Pennebaker J, Language Use of Depressed and Depression-Vulnerable College Students [J], Cognition & Emotion, 2004, 18（8）: 1121-1133.
② Bai S, Yuan S, Hao B, et al., Predicting Personality Traits of Microblog Users [J], Web Intelligence and Agent Systems: An International Journal, 2014, 12（3）: 249-265.
③ Woosley J A, Lichstein K L, Taylor D J, et al., Hopelessness Mediates the Relation Between Insomnia and Suicidal Ideation [J], Journal of clinical sleep medicine: JCSM: official publication of the American Academy of Sleep Medicine, 2014, 10（11）: 1223.
④ Chung C, Pennebaker J W, The Psychological Functions of Function Words [J], Social Communication, 2007: 343-359.
⑤ De Choudhury M, Gamon M, Counts S, et al., Predicting Depression Via Social Media [J], ICWSM, 2013, 13: 1-10.
⑥ Wang X, Zhang C, Ji Y, et al., A Depression Detection Model Based on Sentiment Analysis in Microblog Social Network [C] //Pacific-Asia Conference on Knowledge Discovery and Data Mining. Springer, Berlin, Heidelberg, 2013: 201-213.
⑦ Schwartz H A, Eichstaedt J C, Kern M L, et al., Personality, Gender, and Age in the Language of Social Media: The open-vocabulary approach [J]. PloS one, 2013, 8（9）: e73791.

在社交媒体语言分析应用中特别受欢迎。J. Golbeck 等人在对 Facebook 用户完成人格测试的基础上，使用封闭词汇法分析个人资料和消息的语言特征，在统计模型中将 LIWC 词表的相应类别（例如：积极情绪、社会过程）用作预测因子，输出结果即为用户人格的自评报告。经过对样本以外用户进行预测，模型性能表现良好[1]。

与之对应，计算语言学领域提供了开放式词汇方法来进行细粒度语言分析。与封闭法相反，开放式词汇方法不依赖于先验词或类别判断，而是从分析的文本中提取出完整的语言集合（例如：未分类的单词、非字符号、多字短语、语义相关词组或主题词），由于这些语言并没有被先行识别，该方法的可扩展性相对更强，能够广泛应用于新语言和专业领域语言文本中。通过开放式词汇方法进行文本分析，发现与性格、性别和年龄有关的语言表达存在较大的区分度，特定词汇和短语具有更加丰富的信息含量。例如，男性在谈及妻子或女友时会更多使用"我的"加以限定，表示"占有"含义；而女性在谈及丈夫或男友时则使用"我的"频率较低。分析表明，开放式方法具有发现其他分析技术捕获不到的内在关联的独特优势[2]。相比封闭式词汇方法，开放式词汇方法能够从语言样本中提取更丰富的特征，可以大大提高用户人格的预测能力。

除了从统计学的角度分析语言特征来研究用户心理，研究者在以 Twitter 和微博为代表的新兴媒体上，引入自然语言处理相关技术，将情感分析用于用户情绪的识别与预测。C. Quan 和 F. Ren 研究发现，利用社交媒体文本建立起来的情绪语料库，可以分别针对文本生成者和阅读者的情感类型进行预测，并发现基于机器学习的方法在愤怒和厌恶等情感类型的分类预测方面效果最好[3]。

来自佐治亚理工学院的 De Choudhury 带领团队与微软进行研究合作，他们一直致力于情感计算方法的开发，尝试利用社交媒体平台监测人口心

---

[1] Golbeck J, Robles C, Turner K. Predicting Personality with Social Media [C] //CHI'11 Extended Abstracts on Human Factors in Computing Systems. ACM, 2011: 253-262.

[2] Yarkoni T. Personality in 100, 000 Words: A Large-scale Analysis of Personality and Word Use Among Bloggers [J]. Journal of Research in Personality, 2010, 44 (3): 363.

[3] Quan C, Ren F. Construction of a Blog Emotion Corpus for Chinese Emotional Expression Analysis [C] //Proceedings of the 2009 Conference on Empirical Methods in Natural Language Processing: Volume 3-Volume 3. Association for Computational Linguistics, 2009: 1446-1454.

理健康、识别个体风险因素，已经取得了一系列成果[1][2][3][4]。De Choudhury 等在对 Twitter 进行研究的过程中，使用众包的方式对一组抑郁症状进行金本位标注，对语言、情感、人格、自我网络和用户交互行为设定出一套表征抑郁症的测量指标。研究结果显示，抑郁症个体参与社会活动频率比正常个体减少、情绪持续呈现负性、高度关注自我、对药物以及医疗关系的关注增加，并在语言表达中对于宗教词语的使用程度也较高。从社会网络分析可以发现这些个体通常会加入以自我网络为中心的高度集群紧密网络。最后，研究者利用这些属性构建了一个 SVM 分类器，可以预测出个人在抑郁症确诊之前患有抑郁症的可能性。通过对比实验，分类器的精度可以达到 70%[5]。

相比国外，我国关于心理健康领域的研究起步较晚。其中，以中国科学院心理研究所朱廷劭教授为首的科研团队，开展大数据心理学研究并取得了不少成果。他们利用社交媒体行为大数据实现对微博用户人格、心理健康以及社会态度等心理特征的感知，并在此基础上实现对个体和群体心理的预警及有效干预。李昂等采用了 EMA 评估系统，构建了心理计算模型，通过一种非侵扰的手段实时、自动、连续地感知人类在日常生活情境下的心理特征，为纵向追踪情绪、意图等心理特征随时间而变的大体规律提供了有力支持，可以做到对民众心理健康状态和主观幸福感进行实时计算[6]。张金伟首先在总结社交媒体文本信息特征的基础上，将传统情感词典与心理词典相结合用于情感词的提取，然后利用认知情感评价模型对用户的情感信息、性格信息以及心情信息进行建模，在映射到构建的情绪空间以后获取用户情绪变化的动态走势图，最终

---

[1] Choudhury M D, Counts S, Horvitz E. Predicting Postpartum Changes in Emotion and Behavior Via Social Media [C] // Sigchi Conference on Human Factors in Computing Systems. ACM, 2013: 3267-3276.

[2] Choudhury M D, Counts S, Horvitz E. Social Media as A Measurement Tool of Depression in Populations [C] // ACM Web Science Conference. ACM, 2013: 47-56.

[3] De Choudhury M, Gamon M, Counts S, et al., Predicting Depression Via Social Media [J], ICWSM, 2013, 13: 1-10.

[4] De Choudhury M, Counts S, Horvitz E J, et al., Characterizing and Predicting Postpartum Depression from Shared Facebook Data [C] //Proceedings of the 17th ACM Conference on Computer Supported Cooperative Work & Social Computing. ACM, 2014: 626-638.

[5] M. D. Choudhury, De S. Mental Health Discourse on Reddit: Self-Disclosure, Social Support, and Anonymity [C] //Association for the Advancement of Artificial Intelligence, 2014: 128-139.

[6] 李昂、郝碧波、白朔天等：《基于网络数据分析的心理计算：针对心理健康状态与主观幸福感》，《科学通报》2015 年第 11 期，第 994~1001 页。

通过心理状况预警系统来完成用户情绪状态的识别和干预①。

通过对已有的研究进行总结发现，心理健康风险较高的个体在社交媒体上与正常个体在语言和情绪表达上存在明显的差异，他们通常会使用更多表达悲伤、焦虑、愤怒等消极情绪的词汇。从词汇功能的角度来看，高风险组也会使用更多表达排除意义和否定意义等负面意向的词汇。这些研究成果为研究负性情绪与心理健康状态的关系提供了有力的证据。

（二）社交媒体网络行为分析在心理健康领域的研究现状

心理学家 E. Brunswik 提出了一种透镜模型（Lens Model）②，这是建立在一种环境在很大程度上是无法预见的假设基础之上的。即使是看上去有必然的联系，如对物质大小、距离、形状及其他物理特性的感知，模型本身也是个复杂的行为获得过程的结果，是基于观察者生活经验的一系列判断过程的总成。透镜模型的本质是知觉概率模型，便于描述知觉过程的不同阶段。在判断大环境中的多维度刺激时，人们会对不同的刺激线索给予相应的概率值（权重），并通过对环境信息的进一步筛选，重新整合为统一有序的知觉。知觉本身作为一个概率计算过程，也会受到个体差异的影响。因此，在每一个个体空间环境中通常蕴含着能够表征主体心理特征的线索，而借助这些"行为痕迹"（Behavioral Residue），能够判断出个体的心理特征。这意味着网络用户在网络空间中的行为痕迹也会反映出用户的心理变化。这一现象引发人们对网络行为与其心理特征间关系模式的大规模研究和探讨。

心理特征被大致分为以人格特质为代表的特质型（Trait）心理变量和以心理健康状态为代表的状态型（State）心理变量。人格（Personality）是个体自身所具备的稳定的行为及心理加工模式③。在对心理健康的研究中，用户人格方面的研究占据了重要的部分。对人格测试用的最多的模型是大五格模型（Big-Five Model）和 MBIT 模型。Y. A. Hamburger 和 E. Ben-Artzi

---

① 张金伟：《微博情感分析的心理预警模型与识别研究》，合肥工业大学硕士学位论文，2013。
② Brunswik E, Perception and the Representative Design of Psychological Experiments [M], University of California Press, 1956.
③ Yee N, Harris H, Jabon M, et al., The Expression of Personality in Virtual Worlds [J], Social Psychological and Personality Science, 2011, 2 (1): 5-12.

首次运用实证法验证出人格特征与网络行为间的密切联系。研究发现高外向型水平的男性个体更偏好于进行休闲类的网络行为,而低神经质水平的男性个体更偏好于进行信息类的网络行为,低外向型水平和高神经性水平的女性个体更偏好于进行社交类的网络行为[1][2]。

K. Wilson 等通过对社交媒体使用行为数据分析发现,使用社交网站的倾向与外向型人格倾向呈现正相关关系,与尽责性人格倾向呈现负相关关系[3]。L. Qiu 等人研究发现,高外向型水平的个体更偏好于通过使用社交媒体来发泄与缓解自身存在的焦虑感[4]。而 T. Correa 等研究发现,网络用户使用社交媒体的倾向与其自身的外向型人格倾向、神经质人格倾向和开放性人格倾向等均存在正相关关系[5]。大量研究证明了网络用户的网络行为与其人格特质之间存在密切关系。近年来,在个性化推荐、心理健康研究、情感计算等领域,结合用户的人格特征进行分析已经成为一个非常重要的趋势,利用网络行为数据构建用户 profile 用于建模可以有效提高模型的有效性。

在网络行为与人格特质间的关系得到验证后,相关研究逐步深入,开始有学者进一步探讨了网络行为与心理健康状态之间是否同样存在密切的关系,特别是对于网络行为与抑郁、焦虑状态之间的关系探讨在不断增多。

Thomée S 等研究发现,对于女性网络用户来说,高水平的计算机与移动通信工具的联合使用与持久性的压力感存在显著关系,在线聊天与持久性的压力感、抑郁症风险水平存在显著的关系;而对于男性网络用户来说,

---

[1] Mehrabian A, Analysis of the Big - Five Personality Factors in Terms of the PAD Temperament Model [J], Australian Journal of Psychology, 1996, 48 (2): 86-92.

[2] Hamburger Y A, Ben-Artzi E, The Relationship Between Extraversion and Neuroticism and the Different Uses of the Internet [J], Computers in Human Behavior, 2000, 16 (4): 441-449.

[3] Wilson K, Fornasier S, White K M, Psychological Predictors of Young Adults' Use of Social Networking Sites [J], Cyberpsychology, Behavior, and Social Networking, 2010, 13 (2): 173-177.

[4] Qiu L, Leung A K, Ho J H, et al., Understanding the Psychological Motives Behind Microblogging [J], Stud Health Technol Inform, 2010, 154: 140-144.

[5] Correa T, Hinsley A W, De Zuniga H G, Who Interacts on the Web?: The Intersection of Users' Personality and Social Media Use [J], Computers in Human Behavior, 2010, 26 (2): 247-253.

网络和移动通信工具使用频率同睡眠障碍以及抑郁症水平间的关系更为显著①。M. W. Becker 等通过对社交媒体用户使用数据追踪分析,发现在控制了整体媒体使用、神经质人格与外向型人格等因素的影响以后,高频次的媒体多任务同时操作与高水平的抑郁、社交焦虑症状之间存在显著相关关系,这表明媒体多任务同时操作是预测情绪问题与焦虑问题的风险因素②。A. A. Ceyhan 和 E. Ceyhan 从相反的方向进行论证,网络用户的抑郁状态是预测其自身是否会出现病态性网络使用的重要因素③。

四 国内外研究述评

从文献综述整理分析可以看到,目前已有不少学者利用社交媒体进行心理健康研究,但是基本上是从心理词汇统计以及用户行为的角度来开展的。对社交媒体资源的深度挖掘,还需要利用更加有效的技术手段,以期通过大规模的自动化分析处理技术,来缓解现实心理健康服务资源不足的问题,提升心理预警与干预服务的效率和覆盖率。

(一)深度学习技术为社交媒体情感分析提供了新的思路

目前,社交媒体情感分析的发展已经取得了不少显著的成果。但是由于社交媒体文本自身特点,当面对愈加复杂、多样的社交媒体文本时,传统的情感分析方法就会暴露出自身的弊端。如前所述,在基于情感词典的文本情感分析方法方面,由于情感词典的构建和更新成本高、效率低,分析质量水平严重受制于情感词典自身的覆盖度和更新速度。在基于机器学习的文本情感分析方法方面,由于过分依赖情感特征的构建和选取,人工构建和选取特征质量效率较低的现实对机器学习方法的

---

① Thomée S, Eklöf M, Gustafsson E, et al., Prevalence of Perceived Stress, Symptoms of Depression and Sleep Disturbances in Relation to Information and Communication Technology (ICT) Use Among Young Adults-an Explorative Prospective Study [J], Computers in Human Behavior, 2007, 23 (3): 1300-1321.
② Becker M W, Alzahabi R, Hopwood C J, Media Multitasking is Associated with Symptoms of Depression and Social Anxiety [J], Cyberpsychology, Behavior, and Social Networking, 2013, 16 (2): 132-135.
③ Ceyhan A A, Ceyhan E, Loneliness, Depression, and Computer Self-efficacy as Predictors of Problematic Internet Use [J], Cyber Psychology & Behavior, 2008, 11 (6): 699-701.

分类性能有着难以克服的影响，有标注语料的数量和质量也影响机器学习方法的分类性能。因此，社交媒体情感分析研究的突破口在于重新探索设计可行的模型和算法。深度学习技术的引入可以为其提供新的研究视角，利用其可以自动学习文本深度语义的特征，捕捉文本的关键信息。

（二）利用社交媒体进行心理健康研究深度不够

目前，国内外已有不少研究者将目光转向社交媒体数据以进行心理健康研究，并且取得了一定的成果。但是他们大多数是利用情感词典进行负性情感识别，由于心理异常用户在情感表达上往往异于正常人群，仅仅根据情感词典或者心理词汇进行判别具有一定的局限性。这就需要考虑在技术、方法上有所突破，不仅能够获取显性情感特征，还能够挖掘隐式情感特征。现有心理健康领域的语言工具和已标注的语料都不成熟，给利用社交媒体数据进行心理健康研究带来一定的困难。

（三）面向心理健康的社交媒体数据挖掘缺乏整体框架

社交媒体用户心理健康情感分析的主要目的是给用户提供更为及时有效的心理健康服务。对于面向心理健康的社交媒体数据挖掘，目前还缺乏整体的研究框架。针对与心理健康状态密切相关的情绪指标，可以从情感分析的角度构建社交媒体用户心理健康分析框架，对心理异常用户的情感表达从情感分类和情感主题识别两个子任务开始分析，有助于更加准确地判断用户心理健康状态。

（四）心理健康信息的语言特点和情绪表达的差异化应整合到情感分析模型中

社交媒体用户发布的心理健康信息有着自己的特点，心理异常用户以描述性或者主观性的方式来表达情感，而在情感的表达中往往还存在大量非常态化的内容，这些文本的语言特征也应该考虑纳入社交媒体情感分析的研究中。不同领域的文本语言特点会对模型的选择和构建产生重要的影响。本书根据不同的情感分析任务和语言特点构建模型，以实现心理健康服务的自动化和规模化。

第三节 研究目标、内容、方法、重难点与创新点

一 研究目标

本书的研究范围包括揭示社交媒体用户心理健康情感表达的语言特点，分析其对社交媒体情感分析的影响，对比研究已有的情感分析技术的适用范围和优缺点，结合心理异常和心理正常用户情感表达的语言特点，建立起面向用户心理健康的社交媒体情感分析的方法体系；构建混合多维特征CNN-SVM模型，完成社交媒体文本情感分类任务；构建主题层次识别模型Singlepass-LDA，完成对心理健康情感主题识别任务；通过调整模型参数和结构，以微博用户数据为数据源对本书所构建的模型有效性和实验结果的有用性进行验证。

二 研究内容

本书一共分为7章，具体研究内容如下。

（一）绪论

本章主要介绍了面向心理健康的社交媒体用户情感分析的选题背景、理论意义以及实践意义；按照主题范围从情感分析和基于社交媒体的心理健康研究两个方面对文献进行了梳理，并对国内外相关研究和进展进行了论述，在此基础上，对目前相关研究进行了述评；对本书研究的目标和范围进行了界定；明确了具体的研究内容和研究框架；列出了本书所使用的方法；总结了本书的重难点和创新点，为本书展开研究明确了指导性方向。

（二）社交媒体用户心理健康情感分析研究的理论基础

本章从社交媒体基本理论、情感分析的基本理论和心理健康研究相关理论三个方面系统地分析了与本书研究目标和研究内容相关的理论基础。社交媒体平台是本书主要的研究对象。本章对社交媒体的概念、社交媒体生成内容特征进行了分析。心理健康是本书的主要研究内容。本章对心理健康的概念、分类及测量工具进行了介绍与总结，同时，对与心理健康密

切相关的情绪概念进行介绍时，引入了情绪结构理论，分别从情绪分类论和情绪维度论进行分析，为情感分析中情感分类任务的研究奠定了理论基础。情感分析是本书的主要研究任务和方法。本章对情感分析的概念与应用、内容与方法，情感分析任务的相应评价指标及相关评测进行了总结。

（三）社交媒体用户心理健康情感分析研究框架

心理异常用户与心理正常用户在语言以及情感表达方面有着显著的差异，对社交媒体心理异常用户情感表达的语言分析是进行心理健康研究的基础。本章首先使用统计分析的方法，对比分析了心理异常用户和心理正常用户在文本内容、词类使用频次、语义类别、语言风格等方面的特点。其次，从心理健康情感分类和心理健康情感主题识别两方面分析了本书构建的社交媒体用户心理健康情感分析框架。对于心理健康情感分类问题，本章主要从特征优化的角度对机器学习的方法以及深度学习的方法进行了总结和发现。对于心理健康情感主题识别任务，结合微博内容短小、流动性大以及心理健康文本领域性较强的特点，分析了以 Single-Pass 为代表的增量聚类方法和以 LDA 为代表的主题模型方法来解决社交媒体心理健康情感主题识别问题。

（四）基于 CNN-SVM 模型的社交媒体文本情感分类

本章针对心理异常用户负性情绪识别问题，在分析了现有情感分类方法优缺点的基础上，构建了混合多维特征的 CNN-SVM 模型用于心理健康文本情感分类。首先，对 CNN 模型的基本原理和 SVM 的基本原理进行了详细的介绍，根据两个模型的优缺点构建了基于 CNN-SVM 的心理健康文本情感分类框架。其次，论述了基于 CNN-SVM 的社交媒体文本情感分类过程，通过两个对比实验证明了本书构建的 CNN-SVM 模型在文本情感分类任务上的有效性。

（五）基于 Singlepass-LDA 模型的心理健康情感主题识别

针对心理异常用户和心理正常用户在社交媒体平台发布的文本主题的显著差异性，构建了层次主题识别模型 Singlepass-LDA，对社交媒体心理异常用户心理健康文本进行情感主题识别。首先，对 Single-Pass 增量聚类算法和LDA模型的基本理论进行了介绍，搭建了Singlepass-LDA模型框架，并从文本数据处理流程的角度，对基于Singlepass-LDA的心理健康文本情感主题识别过程进行了详细的描述。其次，在首层使用Single-Pass完成微博文本的第一层聚类的基础上，利用LDA对每个主题下的文本集进行第二层的识别，以发现簇中潜在主题。最后，以微博平台抽取的心理异常用户文本为实验数据，分两个实验来验证构建的层次主题识别模型——Singlepass-LDA。

（六）社交媒体情感分析在心理健康领域的应用案例

本章首先总结了社交媒体情感分析在心理健康领域的具体应用方向：心理疾病识别、心理疾病患者分层、药品不良反应挖掘、个性化心理健康预防与干预以及心理健康知识库的构建。其次，选择将用户抑郁状态识别作为本书论证社交媒体情感分析在心理健康领域有用性的具体应用。最后，利用本书所构建的情感分析模型，将情感分类以及情感主题识别结果结合用户行为特征、非语言特征对用户抑郁状态进行识别。

（七）结语

本章主要是对全部研究工作的一个总结，在对所有内容进行介绍的基础上，分析了目前研究中存在的不足以及需要改进的地方。最后对未来的研究方向进行了展望。本书的研究框架如图1-2所示。

三 研究方法与工具

本书以研究对象与目标为基础，注重信息科学、心理学、计算机科学与管理学等学科理论与方法的结合，根据具体的研究问题，采用科学的、可行的研究方法，来解决重点和难点问题。主要研究方法如下。

（一）文献调研方法

在收集大量国内外有关社交媒体情感分析以及心理健康的研究文献的基础上，对相关研究知识点进行了梳理，从整体上把握了目前这一领域专家和学者的研究动态，总结出研究的视角和方法，对该领域涉及的前沿知识和总体方向有较为直观的认识。

```
┌──────────┐      ┌──────────┐
│ 相关文献 │      │ 理论基础 │
└────┬─────┘      └────┬─────┘
     └──────┬──────────┘
            ▼
┌─────────────────────────────────┐
│ 社交媒体用户情感表达语言特点分析 │
└────────────────┬────────────────┘
                 ▼
┌─────────────────────────────────┐
│ 社交媒体用户心理健康情感分析框架 │
└────────┬───────────────┬────────┘
         ▼               ▼
┌──────────────────┐  ┌──────────────────┐
│社交媒体文本情感分类│  │心理健康情感主题识别│
├──────────────────┤  ├──────────────────┤
│混合多维特征深度学习模型│ │ 主题层次识别模型 │
│    CNN-SVM       │  │  Singlepass-LDA  │
└────────┬─────────┘  └────────┬─────────┘
         └───────┬─────────────┘
                 ▼
     ┌────────────────────────┐
     │ 社交媒体情感分析的应用案例 │
     ├────────────────────────┤
     │    用户抑郁状态识别     │
     └───────────┬────────────┘
                 ▼
           ┌──────────┐
           │ 总结与展望 │
           └──────────┘
```

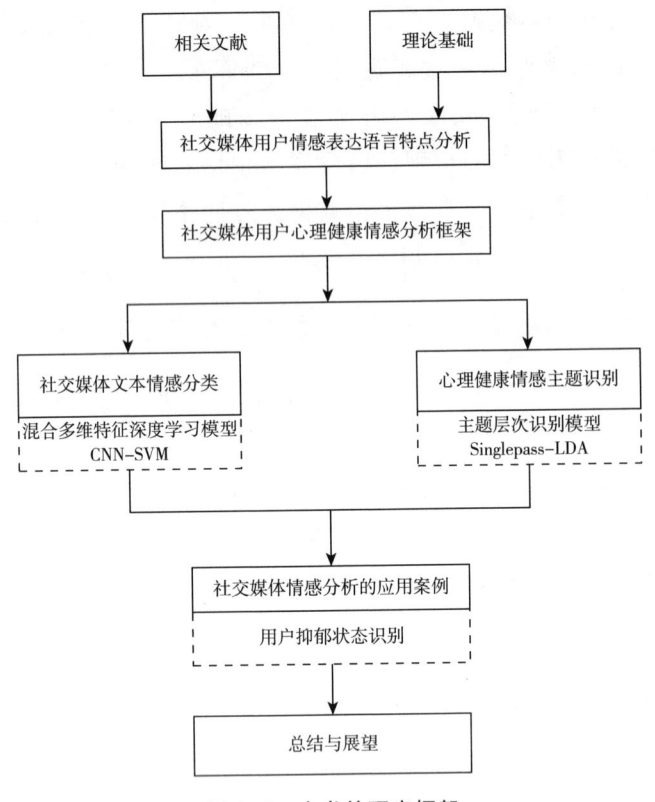

图 1-2　本书的研究框架

（二）比较方法

本书通过对比分析目前主流的情感分析技术以及社交媒体在心理健康领域的应用研究，尤其是对比传统机器学习方法与深度学习技术在社交媒体文本处理领域的优劣势，结合本书分析内容的特点以及目标任务，对适合开展本研究的技术和方法进行借鉴和完善。

（三）系统建模方法

本研究针对社交媒体情感分析涉及的子任务，通过系统建模的方法对涉及的相关技术和内容进行融合，在此基础上，构建用于用户心理健康研究的社交媒体情感分析整体模型框架。在整体框架的指导下，本书对其中的各个子任务设计出相应的具体分析模型,以实现对心理健康文本的情感分类和心理健康负性情感主题任务的识别。

(四) 实验方法

在对每个子任务进行建模的过程中,分别抓取不同社交媒体平台数据集并进行实验,对提出的多维特征深度学习模型和主题层次识别模型进行验证,以对优化的算法和提出的特征工程进行改进和完善,最后证明本研究提出的方法的可行性。

四 本书的重难点

本书研究的重点有两点。(1) 社交媒体用户心理健康情感表达语言特点的分析。与社交媒体普通用户相比,社交媒体心理异常用户的情感表达、词汇使用都有极大的区别。社交媒体心理异常用户是本书研究的主要对象,因此分析情感语言表达的特点是本书研究的基础,也是本书研究的重点。(2) 基于社交媒体用户心理健康情感表达的语言特点,构建了社交媒体用户心理健康情感分析方法体系。本书的目标是对社交媒体用户情感分类以及心理健康情感主题的识别,如何结合心理健康文本的特点以及心理异常用户的心理特点构建不同的模型以用于社交媒体情感分析是本书的另一重点。

本书研究的难点有两点。(1) 中文表达形式多样并且内涵丰富,特别是以微博为代表的社交媒体平台上用户生成的内容,文本表达的灵活性、结构的不规范性、词汇语句的多义性以及网络语言风格的多样性,无疑增加了判别情感倾向性的难度。特别是本书研究的对象为社交媒体心理异常用户,这些人群有时在情感的表达上更具有隐晦性,语义的判别更加困难,因此从技术上对文本的情感分析是一个极大的挑战。(2) 对语料库进行人工标注是进行判别实验计算准确率、召回率和 F 值的参考标准。由于目前还没有专门针对心理健康领域公开的情感分析测试集,参考已有的研究实验标准设置方法,需要将人工标注的语料作为实验数据计算的标准,这样就需要大量的人工,如何设置行之有效的人工标注方法,是本书实验部分的一个难点。

五 本书的创新之处

（一）揭示了与心理健康相关的社交媒体用户情感表达语言特点

社交媒体用户情感表达的语言特点是进行情感分析的基础，目前已有心理学领域的学者对用户有关心理健康的语言特点进行了分析，他们仅仅是从心理学词汇统计的角度来进行的。本书在前人研究的基础上，运用信息科学方法，从词语类别、语义类别、语言风格等方面展开，以确定心理异常人群与正常人群语言特征的差异性。本书构建了社交媒体用户情感表达语言特点的分析框架，通过5个步骤对心理异常用户和心理正常用户发布的文本进行对比分析，揭示了心理异常用户情感表达的文字语言、非文字语言与心理正常用户的差异性，为后续的社交媒体用户情感分析方法体系的构建奠定了理论基础。

（二）构建了混合多维特征的CNN-SVM模型，对社交媒体文本进行情感分类

针对与用户心理健康状态密切相关的负性情感识别问题，本书主要从优化特征提取的角度，在特征选取部分引入深度学习特征、浅层学习特征以及社交关系组合的多维特征。在自然语言处理上，CNN由于擅长提取局部特征而更适合承担分类任务。特别是在情感分类任务上，情感的表达通常是由一些关键词来决定，因此，CNN模型能够完成关键特征的提取，从而具有学习局部语义特征的能力。但是，中文语言的丰富性和特殊性，以及中文微博文本的短小性，导致文本语法不规范、口语化现象更加明显，所以仅依赖于句子本身的信息，不易获得其结构特征以及情感语义信息，特征稀疏问题比较突出，深度学习模型不能够充分地发挥其表征的能力。而SVM具备强大的性能增益，能够将数据特征向量表示在特征空间中。对于线性不可分数据，SVM能够通过核函数将数据映射到高维空间中，从而将线性不可分问题转化为线性可分问题。

结合两种模型的优缺点，本书利用CNN作为句子深度学习特征的自动学习器，同时结合浅层学习文本特征以及社交关系特征将SVM作为情感分类器进行情感分类。实验结果证明由CNN和SVM组成的混合多维特征深度

学习模型能够提高分类精度,相对于单独使用传统浅层的 SVM 模型以及 LSTM-SVM 模型可以获得更好的分类效果。

(三)构建了层次主题模型 Singlepass-LDA,进行心理健康情感主题识别

针对心理异常用户在社交媒体平台发布的文本主题和心理正常用户发布的有着明显的差异,本书构建了层次主题识别模型 Singlepass-LDA,对社交媒体心理异常用户发布的文本进行情感主题识别。单遍聚类方法 Single-Pass 是一种增量聚类方法,其在聚类之前不需要给定簇的个数,因此它特别适合用于微博类流式数据的聚类。但是该方法的缺点是,其结果依赖于文本的输入顺序,因此误检率较高,而且 Single-Pass 属于粗粒度的主题识别方式,很难发现簇中潜在的主题。而 LDA 模型可以用来识别文档集或语料库中隐含的主题信息,但单独使用时耗时较长。鉴于此,在本书构建的 Singlepass-LDA 模型中,首层使用 Single-Pass 对微博文本进行粗粒度的聚类,在快速完成微博文本的第一层聚类的基础上,利用 LDA 对每个主题下的文本集进行深层次的识别,以发现簇中潜在主题。实验结果证明由 Single-Pass 和 LDA 组成的主题层次模型相对于单独使用 LDA 模型,可以获得较好的主题识别效果。

第四节 本章小结

本章主要对用户心理健康研究的选题背景、理论意义以及实践意义进行了介绍。按照主题范围从情感分析以及基于社交媒体心理健康领域两个方面对文献进行了梳理,并对国内外相关研究和进展进行了论述。界定了本研究的目标对象和目标范围,对研究方法和研究工具进行了说明,详细介绍了本研究每个章节的具体研究内容,对研究框架做了结构化展示,归纳了本研究的重难点,概括了本研究的贡献。

第二章　社交媒体用户心理健康情感分析研究的理论基础

第一节　社交媒体基本理论

一　社交媒体的概念

社交媒体（Social Media）是指支持用户撰写、转载、分享、评论、交流的平台与工具。社交媒体的兴起与Web2.0技术发展密不可分，与传统媒介和工具最大的不同是，社交媒体赋予参与者最大的使用权利。所有的网络用户都是信息内容的生成者、传播者和使用者，社交平台强大的交互能力极大地激发了网民的参与意识，改变了以往传统媒介以专业机构和官方为主导的单向的信息生成和传播模式。这种双向互动的特点使用户思维模式得到了释放，创造出大量的有价值的信息内容。强大而又便捷的传播功能，使用户在生产信息的同时获得社会认同。这种由被动到主动的根本性转变极大地调动了用户的主观能动性，从而使社交媒体得到快速普及与发展。社交媒体的形式主要有社交网站、微博、博客、贴吧、即时通信等，典型网络平台有Facebook、Twitter、Wiki、Instagram、YouTube、Pinterest、微博、美丽说等[①]。

社交媒体上的主题讨论涉及人们生活的方方面面，其中医疗健康作为与人们日常生活息息相关的话题，在社交媒体平台上生成大量的有价值信息，越来越多的公司与研究机构利用社交媒体平台数据进行分析与预测。Google最早利用在线热搜关键词以及位置信息实现对流行性感冒增减趋势的预测。M. Dredze等人通过对Twitter发布的帖子进行语言建模，发现社交媒体里有用

---

① 李枫林、魏蕾如：《社会化媒体用户行为的信息聚合机制研究》，《图书馆学研究》2017年第5期，第52~57页。

以诊断流感病例的高度相关的证据信号和数据,在分析 Twitter 数据信息的基础上构建了一个疾病预测模型,以实现对重大公共卫生疾病的监测①。近年来,利用社交媒体数据进行分析和建模成为心理健康行为研究领域关注的热点。研究主题涉及自杀意念、产后抑郁症、临床抑郁症、焦虑症、注意力缺陷多动症、双相边界性格、强迫症、创伤后应激精神分裂症和季节性疾病情感障碍等心理疾病预测模型的构建及风险预测②。

新浪微博作为中国使用最为广泛的社交媒体平台之一,近年来一直是社交媒体研究的重点。用户可以通过 Web 全球广域网、Wap 无线应用协议等各种客户终端构建个人社区,实现信息的即时发布与实时更新,内容形式包括文字、图片、视频、非语言符号、外部链接等。基于此,用户在生产信息的同时,也将写作时的情感信息通过语言或者非语言形式表达出来,透过这些信息可以准确分析用户的情绪状态。在国内,微博作为最大的社交分享和互动平台,其参与主体的广泛性以及信息发布的自由性,使数据更具有真实性和实时性,用户通过微博平台可以表达出每时每刻的情感、思想和动态。利用数据挖掘技术对这些信息进行整理和分析,可以有效地获取用户的心理状态。因此,本书以微博平台为研究载体,对微博用户发布的文本以及社会网络行为信息进行情感信息分析。

二 社交媒体生成信息特征

以 Twitter 和微博为代表的国内外社交媒体平台,对发布的文字有 140 个字符的上限(中文微博于 2015 年 3 月将上限调整为 2000 字)。基于这种规则,社交媒体生成信息总体呈现出高容量、文本短小、多噪声、多语言、缺失性、实时性的特征。特别是作为形意文字的中文,其形声义俱全,信息量远远大于拼音文字。表达的灵活性、词汇语句的多义性,都给情感极性的判断带来了极大挑战。社交媒体生成信息与以往文本信息具有很大的

---

① Dredze M, Cheng R, Paul M J, et al.. Health Tweets. org: A Platform for Public Health Surveillance Using Twitter [C] //AAAI Workshop on the World Wide Web and Public Health Intelligence. 2014: 593-596.
② Mowery D, Bryan C, Conway M, Feature Studies to Inform the Classification of Depressive Symptoms from Twitter Data for Population Health [J], Population-Based Mental Health Research, 2017: 1701-1709.

不同，其特点总结如下。

（一）文本非规范性

社交媒体平台作为现实生活的延伸（用户通过平台发表个人观点、记录生活轨迹、与他人互动交流），已经成为人们日常生活中密不可分的一部分。与传统文本信息相比，社交媒体文本中语言使用随意化、口语化、异用化现象十分突出。文本中包含的语义单元丰富多样，除文字语言外，还有大量符号语言、短语语言、网络流行词等，更有甚者还会出现病句、错词等。微博用户为了达到扩大影响力、吸引注意力的目的，在使用祈使句、疑问句以及代词时会与常规文本有极大的区别，多以强调句式或者隐含句式为主。利用社交媒体快速的传播能力，充分发挥微博文本短小、多样的特点，文本常常会出现各种非规范化的语言与句式，无形中都会增加信息处理的难度。

（二）数据的稀疏性

在中文微博平台上，由于最初微博文本有 140 个字符的限制要求，微博用户发布的文本大多数为短文本，更有甚者使用一个或几个词来传递情感信息，这就造成了微博语句句法结构的严重缺失。在对微博语料进行情感分析时，数据稀疏性问题比较严重，仅仅从情感词的角度进行抽取的话，往往会造成无有效情感特征的现象。

（三）信息生成的实时性

由于互联网的独特优势，社交媒体用户可以不受时间、空间的限制在平台上进行各项操作。强大的技术支撑、完善的平台功能使信息发布具有实时性、便捷性、高效性。微博文本的生成和更新频率非常快，加上传播速度呈几何式增长，短时期内任一事件或话题都可能形成热点，相应出现的是不断生成的网络用户参与讨论的评论信息，由此会形成大量具有丰富内涵的网络舆情内容。同时，数据信息的不断更新和数据量的不断累积，也给信息采集和信息处理带来新的问题和挑战。

（四）信息的交互性

Twitter、微博等之所以称为社交媒体平台，是因为其是具有社会交互功能的媒介、工具。每个用户在社交平台上进行的操作都不是孤立的，都是具有一定情境的。尤其是在进行信息传播、信息增益的过程中，以评论、分享、转发、@形式出现的社交功能都表现了信息之间的交互性。同时，用户与用户之间的关注、好友关系也加强了微博与微博之间的关联性。而这些社交关联线索都可以作为分析用户情感信息的弱标注信息。

（五）主题的多样性

信息内容丰富多样的背后反映了信息生产者的角色和社会分工，正是因为对参与者没有限制，微博内容所涵盖的领域也相当广泛。在商品评论或者新闻评论领域里，评论信息类型比较单一，而微博信息发布的角度则非常丰富。微博用户可以随机发布个体心情信息、生活记录、热点话题以及个人兴趣。按照信息参与主体以及发布动机，可以将信息主题分为情感表达型、新闻评论型、事件描述型等。

（六）信息表达的多元性

相对于传统文本内容，社交媒体文本内容大多为用户生活轨迹、思想动态的一种在线记录。这种信息内容没有对书写规范、语言规则等的限制，因此出现了典型的信息表达多元性特点，不仅在信息内容上可以有较为随意的表现形式，同时在表达元素上也较为新颖和活跃。其中表情符号、数字符号、标点符号以及各种符号的多元组合，都会大量地出现在微博语句中。这些语言符号的使用也具有随意性，可以放置到文本的任意位置，这种非语言文字的使用成为文本语言表达的有效补充。

第二节 情感分析的基本理论

一 情感分析的概念及应用

（一）情感分析的概念

开放式架构信息技术的发展和运用，使"用户参与""以用户为中心"

的理念真正融入互联网络中,用户生成大量含有个体观点和经验的信息内容。这些蕴含了个体用户情感信息的内容反映了用户对人物、事件、话题等对象的主观态度,表达出用户的情感倾向性和情感类别。面对这种主观信息的不断涌现,依赖传统人工分析和处理的方法将越来越困难,迫切需要通过自动化技术和方法来提高信息处理的有效性。基于此,情感分析(Sentiment Analysis)技术应运而生。

情感是"人类对客观世界的一种特有反映方式,是人类对客观存在是否满足及符合人类需求而产生相应的反馈形式"[1]。在情感分析过程中,对于情感的概念有多重意义的解读,一般将情感等价于情绪、态度、观点以及评价等,因此,情感分析(Sentiment Analysis)又被称为"意见挖掘"(Opinion Mining)、"主观分析"(Subjective Analysis)等[2]。它是在运用文本分析、自然语言处理、计算语言学、数据挖掘等方法的基础上,对具有情感倾向性的文本进行数据挖掘的过程[3]。简言之,情感分析即对用户在信息传达时所包含的情感单元以及情绪状态进行分析,对信息发布者的观点、态度以及意见进行辨别和评判[4]。随着信息媒介的快速更新,网络资源的构成形式也日趋多元化,信息数据不断以文本、语音、图像、视频等形式生成。从广义上讲,情感分析的对象包括上述各种数据源,但是网络信息载体仍以文本信息居多,情感分析因此也以非结构化的自然语言文本为主要处理对象。

(二)情感分析的应用

社交媒体已经成为社会各个行业获取和了解用户意见和观点的重要来源渠道,无论是社交网络还是即时通信平台都包含着海量的用户情感信息资源。对这些信息资源的整理与分析,不仅可以对个体用户心理状态进行评估,还可以进一步感知群体用户的情绪走向。以情感分析结果

---

[1] 林崇德、杨治良、黄希庭:《心理学大辞典》,上海教育出版社,2003。
[2] Liu B, Sentiment Analysis and Opinion Mining [J], Synthesis Lectures on Human Language Technologies, 2012, 5 (1): 1-167.
[3] Hatzivassiloglou V, McKeown K R, Predicting the Semantic Orientation of Adjectives, In: Proc. of the EACL'97. Morristown: ACL, 1997: 174-181.
[4] Wilks Y, Affective Computing and Sentiment Analysis [J], IEEE Intelligent Systems, 2016, 31 (2): 102-107.

作为主要依据和辅助依据的预测方法，可预测个体用户和群体用户的行为变化，准确及时地把握社会舆情动态和行业发展趋势。因此，对用户生成内容中的情感信息进行挖掘和分析具有不可估量的实际应用价值。

从技术支撑的角度来看，情感分析作为一种分析技术，是对文本进行自动化分析的重要手段。它能够实现对文本中的情感信息进行自动化的抽取和分类，能够对隐含于文本中的观点、意见、态度进行挖掘和分析，以获取深层次的隐式信息①。情感分析技术的快速发展在很大程度上源于人们改进人机交互现状的愿望，因此，对情感分析的要求是必须具备更高的文本解析能力，以实现逐步向人工智能的逼近。情感计算等技术的发展为个性化信息服务、人工智能取得实质性发展起到功能支持的作用。

从行业发展方面来看，在智能化信息处理过程中情感分析是一个具有突破意义的方向，人与机器很大的区别就在于是否具有情感。目前，情感分析已经在商业领域、新闻领域、医疗卫生领域、金融领域、政治领域等发挥了重要的作用并产生了极大的影响。

在上述众多领域中，情感分析与商业领域结合是一个最重要的应用点。在互联网环境下，通过对庞大的用户评论数据进行情感挖掘，获取用户对商品的消费观点与态度。一方面有利于指导其他潜在消费者的购买行为，另一方面有利于指导商家了解用户需求、产品优缺点及竞争对手，以对自身商品及服务进行改进与完善，强化竞争优势②。目前，社交媒体对新闻业以及社会舆情监控的影响非常大，如重大社会事件中记者使用微博和观众互动，实时追踪新闻事态的发展，并通过微博全民参与，为新闻报道的发展提供了一个全方位的视角与解读③。通过对大众评论进行情感分析，有助于对新闻舆论及社会舆情的走向进行全面的把握，从而更好地发挥积极引导的作用。

当决策所需信息过于庞杂或不确定时，外部社会环境的情绪状态会对决策者的情绪状态产生强烈的影响，不同类型社会情绪的传递，将会给决

---

① Hussein E D M, A Survey on Sentiment Analysis Challenges [J], Journal of King Saud University-Engineering Sciences, 2016 (4): 268-277.
② 唐晓波、兰玉婷:《基于特征本体的微博产品评论情感分析》,《图书情报工作》2016 年第 16 期，第 121~127 页。
③ Lee R, Wakamiya S, Sumiya K, Discovery of Unusual Regional Social Activities Using Geo-tagged Microblogs [J], World Wide Web-internet & Web Information Systems, 2011, 14 (4): 321-349.

策者带来不同的影响，直接导致包括投资者、消费者、企业、政府等不同决策角色采取相应的措施及行为①。对用户评论进行情感分析有助于理解用户的行为和心理，为企业、政府等预测市场趋势以及做出决策提供有效而重要的依据。在金融领域的股票投资行业，网络用户对股票行情的热议在很大程度上会给管理者带来一定的冲击，左右着管理者的决策方向，最终给股市的走向带来较大的影响。

随着移动医疗研究的不断深入，各种医疗社交平台的规模也在逐步扩大。许多用户在医疗社交平台上发布的信息不仅包括询医问诊、医疗信息查询，还用于情感交流和寻求情感支持。用户的观点和情感倾向在一定程度上反映了其具有的相关的医疗知识背景以及过往的疾病诊疗经历，因此通过对这些文本进行分析，提取出人们关注的主题以及情感倾向，来发现对医疗健康有价值的信息。近年来，情感分析在医疗健康领域有着良好的表现，其中关于药品不良反应知识的发现是其最成功的应用。通过对医疗社区用户评论文本的挖掘，从治疗过程信息中可以得到用户关于药品、治疗措施的情感倾向性，从情感表达为负的评价文本中抽取出药品实体、不良反应症状，以此来完善药品使用体系。

二 情感分析的内容及评测

（一）情感分析的内容

情感分析属于一个多学科交叉领域，需要包括语言学、统计学、信息科学、心理学、计算机科学等多学科的理论及技术支持。情感分析研究主要包括三大方面：情感信息分类、情感信息提取和情感分析技术的应用。具体情感分析研究框架见图2-1。

通过对情感分析研究框架的分析，可以看到情感分析涉及三大模块：情感分析理论基础、情感分析核心任务和情感分析扩展任务。情感分析理论基础模块包括对文本分析、分类与挖掘，还包括情感计算的理论与方法。事实上，在实际的情感分析研究中，涉及的理论还远远不止上述几个部分，还与信息科学、

---

① Nofsinger J R, Social Mood and Financial Economics [J], The Journal of Behavioral Finance, 2005, 6 (3): 144-160.

情感分析核心任务

```
情感信息提取 Sentiment Extraction — 子任务 →
    情感词提取 Polarity Word
    情感主题提取 Object
    情感关系提取 Relation

情感信息分类 Sentiment Classification — 子任务 →
    主客观分类 Subjectivity Analysis
    情感极性分类 Polarity Classification
```

情感分析扩展任务

情感信息检索 Sentiment Retrieval

情感信息归纳 Sentiment Summarization

情感分析理论基础

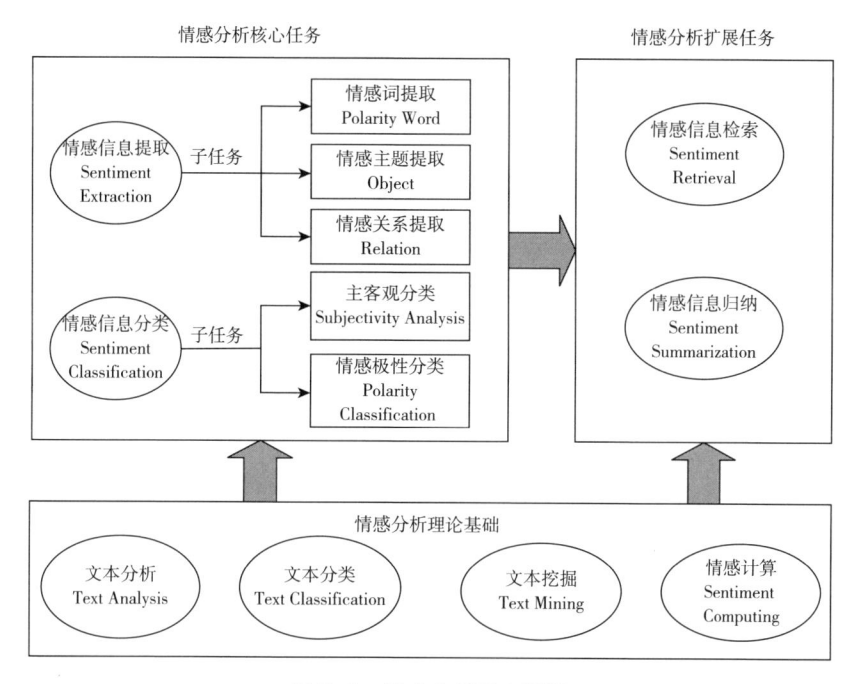

文本分析 Text Analysis | 文本分类 Text Classification | 文本挖掘 Text Mining | 情感计算 Sentiment Computing

图 2-1 情感分析研究框架

计算科学、心理认知科学等领域相关。具体到情感分类的内容，主要涉及两方面：核心任务和扩展任务。在前一个任务中又包含情感分析中的情感信息提取和情感信息分类两个基本任务，而两个基本任务又分别包含情感词提取、情感主题提取和情感关系提取三个子任务，主客观分类和情感极性分类两个子任务。而在情感分析扩展任务中，一般会结合具体的应用来进行，目前在信息科学领域主要包括两个方面：情感信息检索和情感信息归纳。

（二）情感分析评测

随着自然语言处理以及计算语言学的快速发展，国内外组织的一些公共测评会议将网络文本的情感分析加入测评任务中。作为国际上文本检索领域中最具有权威性的文本检索会议（Text Retrieval Conference，TREC）[①]，随着文本检索任务的不断深入和范围的不断扩大，在 2006 年

[①] http：//trec.nist.gov/tracks.html.

的评测会议中,开始将 blog 文本作为数据样本。具体的任务要求是通过主题检索匹配相关页面,并判断含有主观看法的文本情感极性。该会议从 2011 年开始将微博类的短文本加入评测任务中。与此同时,多语言处理国际评测会议(NII Test Collection for iR Systems,NTCIR)[1]针对中、英、日三种语言特征组织情感分析评测。评测任务包括:句子主客观判别、句子情感极性分析、观点持有者抽取、判别句子与给定主题的相关度[2]。随着研究者不断地推进,诸如跨领域以及跨语言情感分析等的一些新课题开始得到广泛的关注。

在一系列国际会议的影响以及带动下,国内也开始举办相关中文情感分析评测会议。中文信息学会(Chinese Information Processing Society of China,CIPS)以全国信息检索学术会议(CCIR)为依托,开始组织中文情感分析评测(Chinese Opinion Analysis Evaluation,COAE),自 2008 年起已举办了 8 届。评测会议以 COAE 2013 为分水岭,在此之前评测的对象为传统文本,自此之后将微博文本加入数据样本,目标内容为微博观点句识别和观点句评价对象识别[3]。

同时,由中国计算机学会(China Computer Federation,CCF)主办的自然语言处理与中文计算会议(NLP&CC)于 2012 年首次组织专门面向微博的评测会议,开始针对中文微博进行情感分析评测任务的设置。其中值得关注的是,从 2012 年开始,由 CIPS 社会媒体处理专委会主办的全国社会媒体处理大会(China National Conference on Social Media Processing,SMP),是专门针对社交媒体数据进行评测的会议。在 SMP 2016 上,面向社交媒体数据的研究角度包括基于社会化图片的情感预测、社交媒体情感类别中的非平衡问题、社交媒体跨语言情感分析、社交主题的多层次性问题、人工智能交互中用户性格与情感分析等[4]。通过对国内外评测会议的关注和梳理,可以看到,情感分析研究在学术界和业界的共同关注和推动下,其研究的深度和广度在逐步地深入和

---

[1] http://research.nii.ac.jp/ntcir/index-en.html.
[2] 厉小军、戴霖、施寒潇等:《文本倾向性分析综述》,《浙江大学学报》(工学版)2011 年第 7 期,第 1167~1174 页。
[3] 刘楠:《面向微博短文本的情感分析研究》,北京信息科技大学硕士学位论文,2013。
[4] http://www.cips-smp.org/smp2016/public/sentiment.html.

扩大。

值得注意的是，近年来知识图谱成为人们关注的热点，研究方向中关于知识的建模、知识的抽取、知识图谱的构建、知识图谱的计算等方面涌现出大量的科研成果。在情感分析任务中，情感评价对象的抽取以及情感观点对的抽取与知识抽取任务存在极大的关联性，因此，从 COAE 2016 开始，在评测项目中增加了面向知识的关系对抽取以及关系分类任务，这种新的结合点既是对中文信息检索评测会议的扩展，也是对中文信息检索技术的推进。

表 2-1 是 COAE 2016 评测会议设置的评测任务。除了延续前 7 届评测会议的主要任务以外，还将跨语言情感分析、微博新词发现、情感关键句识别、微博观点要素识别等作为新的研究方向。

表 2-1　COAE 2016 评测任务设置

类型	任务名称	任务描述
篇章级	情感主题抽取、跨语言情感分析、情感观点句识别	情感关键句必须是能够表达篇章主题的总体倾向性的句子。情感关键句需要包含两个要素：主题关键词和倾向关键词。主题关键词用来概括篇章的主题，倾向关键词用来概括情感倾向
词语级	情感新词发现及判定	对给定大规模的句子集（千万级规模），规定开发的系统能够实现新词发现的功能，并对识别的新词的情感极性进行标注
句子级	观点句识别、比较句和否定句抽取	对给定句子集，要求参赛系统自动分析句子集，识别作为情感倾向性判别依据的句子，并对其进行情感极性分类
要素级	评价对象抽取、搭配抽取、关系分类和关系对抽取	以观点句识别和抽取为基础，以实现观点句中目标对象、观点对的固定搭配、评价对象与修饰词之间关系等要素的自动识别和抽取为目的

三　情感分类的方法

情感分类的主要目的是根据目标主题的特征构建一个适当的情感分类模型，通过计算机相关技术对情感主体的情感倾向性进行自动识别和判断。

按照情感分类所需的技术路线划分,可以将分类方法划分为5种类型:基于词典的方法、基于机器学习的方法、词典与机器学习相混合的方法、基于弱标注信息的方法、基于深度学习的方法。

(一) 基于词典的情感分类

顾名思义,这种方法就是以词典作为分类的标准来对文本情感倾向性进行判断,其模式可以概括为"词典+规则"。在此基础上根据文本中的句法结构设计相应规则来判断文本情感极性。P. D. Turney 提出的点互信息(PMI) 方法最为经典,其主要思想是通过计算待判定词汇与"excellent"以及"poor"之间的点互信息来对两个词语之间的相互性进行度量。其中,PMI 主要是利用词与词之间的共现关系得到的,然后根据两者求差值可以得出词组的情感分值,当情感值为正时表示文本情感倾向性为积极,反之为消极;当情感值越大时,文本的情感强度越高;情感值越小时,情感强度越低。本研究提出了评论文本中包含的形容词或副词的词组是判定整条评论情感极性的依据的思想,在首先确定了 WordNet 中任一个词的情感极性的基础上,通过与源词汇的相同或者相斥关系推导出目标词的正负性,以此来实现情感词典的构建与扩展。

M. Hu 和 B. Liu 根据对研究成果的整理,将目标词与源词汇之间的关系进行扩展,从句子级的角度来判断评论的情感极性,将情感词和评论主题之间的距离作为判断依据。研究发现情感词和评论主题之间的距离与文本情感倾向性呈负相关关系,与评论主题越近的词汇对情感极性判别的影响越大,反之,与评论主题越远的词汇对情感极性判别的影响越小[1]。

基于词典方法的情感分类一般包括三个步骤。首先,构建种子集,即对评论文本中出现最频繁的形容词进行统计,并对种子集中所有词汇的极性进行人工标注。其次,以情感词典为判别依据,对种子集中的源词汇以近义词和反义词关系进行不断的迭代,最终标注出目标形容词的情感极性。

---

[1] Hu M, Liu B, Mining and Summarizing Customer Reviews [C] // Tenth ACM SIGKDD International Conference on Knowledge Discovery and Data Mining, Seattle, Washington, Usa, August. DBLP, 2004: 168-177.

最后，根据词典和简单规则判别评论极性，同时加入相应的句法规则对评论的情感极性进行调整。

以词典为基础的情感分类方法虽然具有准确性较高、分类速度快的优点，但是也存在不可避免的缺陷。由于其严重依赖于人工设计和先验知识，诸如种子词由人工来选择、句法规则由人工来设计，而人工误差较大，这种方法的扩展性较差。此外，社交媒体用户生成信息具有更新速度快、语言使用随意性的特点，网络新词不断涌现，并且网络语言推陈出新的周期在逐步地缩短，旧词新用、一词多义的现象层出不穷，词汇语义也在频繁地演变。这些都给情感词典的及时收纳与更新带来巨大的挑战。因此，以词典为基础的情感分类方法也存在一定的局限性。

（二）基于机器学习的情感分类

随着对情感分析研究的不断推进，以统计学为基础的机器学习方法逐渐受到学界和业界专家学者的关注。它是建立在传统的文本分析技术之上的，其核心思想是首先对文本特征进行选择和抽取，对于确定为训练集的文本，由相关领域的专家学者进行情感极性标注，并根据目标对象特点选取或者构建相应的分类器，最终利用训练好的分类器对测试语料进行识别实验，从而确定该文本的具体分类。

按照是否有训练样本以及标注程度，可以将基于机器学习的情感分类分为3种：有监督的机器学习方法、无监督的机器学习方法、半监督的机器学习方法。情感分类的过程大体如下：首先，对数据进行预处理，并利用分词工具对文本进行分词；其次，根据目标对象对文本进行特征选择和特征抽取，选取能够影响情感分类效果的特征；再次，根据不同处理粒度对文本特征采用相应的模型进行向量表示；复次，将训练样本特征向量输入选取的或者构建的机器学习模型中进行训练；最后，利用训练好的分类器对测试样本进行情感分类，并输出预测的情感极性结果。

通过对情感分类过程的描述可以看到，在基于机器学习的方法中，最重要的是构建分类器，选取或者构建的分类器的优劣直接影响到分类效果，目前用于构建分类模型的机器学习算法主要包括：支持向量机（SVM）、朴素贝叶斯（Naive Bayes）、最大熵模型（Max Entropy）、决策树（Decision Tree）、K最邻近算法（K-Nearest Neighbor）、逻辑回归（Logistic Regression）等[1][2][3][4][5][6]。

监督学习（Supervised Learning）是指对训练样本进行人工标注并且用来训练模型，当模型达到最优状态后，利用训练好的模型对测试数据样本进行映射并输出结果，同时对输出结果做出判断以达到分类的目的，此时这个最优化模型就可以用于对新的未知数据进行分类[7]。监督学习算法是一个根据具有已知类别的训练样例进行推断期望输出值的过程，而无监督学习则与其相反。无监督学习（Unsupervised Learning）无任何类别数据信息，没有给定目标值，而是对数据直接建模[8]。

在无监督学习的过程中，将数据集合划分为由相似对象组成的多个类簇就叫作聚类，其中寻找描述数据统计值的过程就叫作密度估计。与有监督学习相比，无监督学习不需要人工进行数据标注，这样就省去了大量的人工和时间成本，但是由于没有先验知识的输入，目前，有监督学习在预训练模型表现上要优于无监督学习。有监督学习以决策树、支持向量机、神经网络等为典型代表，无监督学习以聚类算法、主成分分析为典型代表。

总体而言，基于词典和基于机器学习的方法各有利弊。相比基于词典方法中出现的由于语义表达歧义性以及多义性造成的语义匹配误差，基于

---

[1] Dave K, Pennock D M, Pennock D M. Mining the Peanut Gallery: Opinion Extraction and Semantic Classification of Product Reviews [C] // International Conference on World Wide Web. ACM, 2003: 519-528.

[2] Zainuddin N, Selamat A. Sentiment Analysis Using Support Vector Machine [C] // International Conference on Computer, Communications, and Control Technology. IEEE, 2014: 333-337.

[3] Dey L, Chakraborty S, Biswas A, et al., Sentiment Analysis of Review Datasets Using Nave Bayes' and KNN Classifier [J]. International Journal of Information Engineering and Electronic Business, 2016: 65-73.

[4] Kumar A, Sebastian T M, Sentiment Analysis: A Perspective on its Past, Present and Future [J], International Journal of Intelligent Systems & Applications, 2012, 4 (10).

[5] Batista F, Ribeiro R, Sentiment Analysis and Topic Classification based on Binary Maximum Entropy Classifiers [J], Procesamiento Del Lenguaje Natural, 2013, 50: 77-84.

[6] Al-Amrani Y, Lazaar M, Elkadiri K E. Sentiment Analysis Using Supervised Classification Algorithms [C] // International Conference on Big Data, Cloud and Applications. ACM, 2017: 61.

[7] Abdelwahab A, Alqasemi F, Abdelkader H, Enhancing the Performance of Sentiment Analysis Supervised Learning Using Sentiments Keywords Based Technique [C] // International Conference on Computer Science, Information Technology and Applications. 2017: 107-116.

[8] Singh V K, Piryani R, Uddin A, et al., Sentiment Analysis of Textual Reviews; Evaluating Machine Learning, Unsupervised and SentiWordNet Approaches [C] // International Conference on Knowledge and Smart Technology. IEEE, 2013: 122-127.

机器学习方法的精确性会更高。同时，机器学习的方法可扩展性更好，可适用的范围更为广泛。特别是在社交媒体文本中，存在大量未收录词汇、口语化和表情符号语言，基于词典的方法在实际应用中会存在很大的局限性。但是，在情感分析任务中，由于文本的情感倾向性往往是由若干关键情感词决定的，基于情感词典的方法会比较简单、准确。因此，在实际的分析任务中，可以将两者结合起来以做到扬长避短。

（三）词典与机器学习相混合的情感分类

有学者尝试将基于词典的方法和基于机器学习的方法相结合，这种混合的方法也可以分为两种思路：一种是将词典信息特征和其他特征进行组合，选择最优特征组合进行情感分类；另一种是将"词典+规则"作为一种简单的分类器与其他不同分类器进行融合，通过调整最优参数来对模型进行训练，最后将最优化的分类器用于情感分析。

第一种思路是以句子级为文本情感分析粒度，主要是将词典信息融入SVM分类器中[1]。具体操作步骤主要是通过确定句子的特征词序列来确定情感词的位置及权重，将文本中的名词、形容词、动词和副词作为n-gram的特征词，通过判断词性来对句子进行序列标注。若特征词序列中出现了包含词典中的情感词汇，则将该词汇的情感极性词（积极/消极）插入特征词序列中。如果出现句子序列中有多个情感词的情况，可按照顺序进行插入。利用词袋模型将特征词序列转化为特征词向量，再将融入词典信息的句子特征向量输入SVM分类器中，输出结果即为文本的情感极性。

第二种思路是以R. Prabowo等人提出的基于规则的分类器（RBC）和支持向量机分类器（SVM）混合的方法为代表，其分析粒度为篇章级[2]。基于规则的分类器设置了3种规则。一是将文本中的情感词的倾向性作为判别整个文档的情感极性标准。二是基于主题词的判定规则，主要是针对包含多个主题词的对比句的情感分类，即主题词序列设定与形容词情感极性之间是负相关关系。三是基于互信息的判断规则。这种方法主要是先使用基

---

[1] Fang J, Chen B. Incorporating Lexicon Knowledge into SVM Learning to Improve Sentiment classification：US, US8352405[P]. 2013.
[2] Prabowo R, Thelwall M. Sentiment analysis：A combined approach[J]. Journal of Informetrics, 2009, 3（2）：143-157.

于规则的分类器进行分类,如果得到目标值则结束流程,若没有得到期望输出结果,则继续使用支持向量机进行情感分类。

还有学者主要对特征工程进行优化,提出了一种新的特征选择技术,被称为"特征关系网络"(FRN),这种特征选择技术的主要思想是将句子特征、句法特征、词汇特征等进行融合[1]。经过实验验证,这种特征优化方法可以有效提升分类效果。总体而言,将基于词典和基于机器学习的方法进行混合的方式,在一定程度上实现了对分类方法的改进,但是本质上还是没有跳出特征设计和词典构建的圈子,所以跨领域问题依然没有得到解决。

(四) 基于弱标注信息的情感分类

利用机器学习方法在面对规模较大的标注语料时可能存在耗时耗力的问题,为了弥补这个固有的缺陷,业内学者开始尝试从用户产生的非文本数据中,挖掘出可以利用的辅助信息以用于情感分类器的训练,其中,微博中的表情符号语言以及用户评级信息成为关注的重点。需要注意的是,与其他相关领域专家及学者进行人工标注的语料相比,这种"标注"行为没有统一的衡量标准,存在一定的偏差,由此产生的标注信息会有一定的噪声,因此,我们将这种具有辅助性质的标注信息称为"弱标注信息"。从实践过程中可以看到,弱标注信息能够在一定程度上反映出用户评价中的情感语义,因此引入这部分信息可以提高情感分类研究的准确性。

A. L. Mass 等人在研究中指出,作为弱标注信息的评分信息对于增强情感特征有一定的帮助,将这一信息添加进概率模型中,对全部词向量做平均处理并作为特征输入[2]。Rojas-Barahona 等人将 Twitter 中的表情符号作为情感标签来训练深度学习模型并表示出反映情感属性的词向量[3]。同时,为了达到降维以及增强情感语义表达的目的,在池化层对词向量做 max 和 ave

---

[1] Abbasi A, Chen H, Salem A, Sentiment Analysis in Multiple Languages [J], Acm Transactions on Information Systems, 2015, 26 (3): 1-34.
[2] Maas A L, Daly R E, Pham P T, et al., Learning word vectors for sentiment analysis [C] // Meeting of the Association for Computational Linguistics: Human Language Technologies. Association for Computational Linguistics, 2011: 142-150.
[3] Rojas-Barahona L M, Deep Learning for Sentiment Analysis [J], Language & Linguistics Compass, 2016, 10: 292-303.

处理，最终获得文本的情感特征向量。这些研究方法虽然在一定程度上加强了情感分类的特征表达，但是依然没有减轻弱标注信息中的噪声影响，而且并不能很好地捕捉文本到高层语义的复杂映射函数。

（五）基于深度学习的情感分类

随着word2vec、CNN、RNN等深度学习技术在文本处理上取得突破性的进展，深度学习开始成为自然语言处理领域的热点。深度神经网络以人类大脑神经系统的分层组织结构为蓝本，在无监督逐层学习技术（Greedy Layer-wise Training)[1]的基础上得到突破。其具有多层网络结构，可以对文本进行多角度、多层次的特征学习和抽取；还具有超强的特征表示能力，可以对文本的深度语义进行特征表示。目前，深度学习模型已经在很多自然语言处理任务上表现突出，如智能回答系统、自然语言翻译、情感分析等。其中，将深度学习技术应用于情感分析领域的研究得到了越来越多学者的关注。

基于深度学习的方法通常包括两个主要步骤。对于文本处理而言，一个很重要的工作是将词转换成向量。首先，对海量数据源进行学习，并将每个词映射为紧凑的实数向量表达形式[2]；其次，将词向量转化成句子或者篇章的特征表达[3]，这一步骤主要通过语义合成方法来进行，此方法的理论基础为语义合成性原理[4]。该原理的主要思想是，长文本的语义是由若干子单元的语义构成的，但是这个构成不是随机组合，而是需要构造相应的规则。换句话来讲，语义合成就是将最表层的词向量按照不同的规则进行组合，最终形成抽象的深层次的句子或者文档特征向量。

深度学习和传统的机器学习之间的主要区别包括两个方面：特征处理和模型结构。在特征处理方面，传统的机器学习最为关键的步骤在于特征

---

[1] Schölkopf B, Platt J, Hofmann T. Greedy Layer-Wise Training of Deep Networks [J]. Advances in Neural Information Processing Systems, 2007, 19: 153-160.

[2] Levy O, Goldberg Y. Neural Word Embedding as Implicit Matrix Factorization [J]. Advances in Neural Information Processing Systems, 2014, 3: 2177-2185.

[3] Lapata M, Mitchell J. Vector-based Models of Semantic Composition [C] // Meeting of the Acl, 2008: 236-244.

[4] Yang T L, Liu A X, Ma L Z, et al.. Structure Composition Principle of Reconfigurable Mechanisms and Basic Methods for Changing Topological Structure [C] // Asme/iftomm International Conference on Reconfigurable Mechanisms and Robots. IEEE, 2009: 104-109.

工程的构建，机器学习模型的优劣严重依赖于选取特征的有效性与否。因此，在特征选取过程中需要针对目标对象的特点以及实现目标任务的要求，由数据分析专家有针对性地设计出典型特征，这里面包含的人工成本和工作量都十分巨大。伴随着数据源的几何式增长以及计算资源能力的提升，深度学习的方法可以通过对数据本身的特征进行学习来实现特征提取，特别是在数据量达到相当大的规模时，人工方式已经远远不能满足特征提取的需求。

在实际的解决方案中，深度学习具有出色的特征提取能力，更适合应用于大规模的未标记数据中，这种通过机器自动学习方式得到的特征要优于人工特征。在模型结构方面，深度学习具有独特的类人脑多层神经网络，包括深层受限玻尔兹曼机、循环神经网络、卷积神经网络等不同的结构和训练方法[1][2]。相对于传统机器学习只含有一层隐层节点的浅层模型，深度学习模型具有多层的隐层节点，通常有5层以上。原始样本在最初空间的浅层特征表示经过若干层的逐步转换，最终压缩到一个信息量更为密集的特征空间。这种经过深度学习模型自主在海量数据源里学习的特征，比传统的浅层学习方法更能够对数据样本进行特征表示。

将深度学习运用于文本情感分析，主要是在其模型底层利用词嵌入（Word Embedding）技术来对句子进行向量表示，以对文本向量进行降维处理，然后，利用CNN或者RNN等神经网络结构，通过梯度优化算法对模型进行训练。模型本身的词向量就含有语义信息，并且网络结构还保留了语序信息，因此深度学习模型具有局部特征抽象化和记忆功能，加上深度学习结构灵活，大量的数据集可以使模型训练结果得到不断的完善。基于这些优势，深度学习在情感分析中有着较为良好的表现。但是，其自身也存在一定的问题，在实际的训练过程中由于标注集不满足均衡分布以及数据量规模不够大，误差率上升，由此后期的模型调参过程显得异常重要。

从最初基于词典的情感模型到基于机器学习方法的情感模型，再到基

---

[1] Cho K, Merrienboer B V, Gulcehre C, et al. Learning Phrase Representations using RNN Encoder-Decoder for Statistical Machine Translation [J]. Computer Science, 2014.

[2] Campos V, Salvador A, Jou B, et al. Diving Deep into Sentiment: Understanding Fine-tuned CNNs for Visual Sentiment Prediction [C] // 1st Workshop in Affect and Sentiment in Multimedia. ACM, 2015: 237-243.

于深度学习的情感模型,每一次改进都显著提升了模型的性能[①]。但是,每种方法都存在其固有的缺点,基于词典的方法依赖词典设计,基于机器学习的方法则依赖特征设计,这两种方法都对人工的依赖性较强,并且要求相关人员具备较高的专业素养和较为丰富的领域知识。同时,这两种方法在可扩展性和领域适用性上也存在一定的缺陷。

与基于词典的方法以及传统的机器学习方法相比,深度学习的方法在对文本进行语义表达的能力上有了质的飞跃。它利用语义合成性原理通过不同深度学习模型,将低层词向量合成高层文本情感语义特征向量,从而得到文本的高层次情感语义表示,有效地提升了模型的推广能力。但是,缺乏大规模有标注的训练数据是深度学习的瓶颈。尽管无监督训练技术能够利用无标注数据训练神经网络,但是这种方法对数据分布与要预测的语义之间关联性要求比较高。因此,深度学习方法虽然有很多的优点,但并不意味着其将完全取代传统的词典以及机器学习方法,如何将这几种方法扬长避短并优化以及融合需要我们思考。

四 情感分类的评价指标

为了使分类模型性能达到最优,通常要对分类训练过程进行不断的迭代。结束训练阶段以后,需要将分类器运用于测试集以对模型性能进行评估。根据评估的结果来对模型进行纠错和调参,这个过程由于涉及模型每个部分的整合,对模型参数要进行多次调试。训练好的模型,通过输入样本进行测试,并将其输出结果与人工标注结果以及其他分类器进行对比实验,以对模型性能进行评价。

传统文本分类中的评价指标也可以适用于情感分类评价,即查准率、召回率、F值、准确率和错误率,还有宏观平均率和微观平均率、BEP(Break-Even Points)值、Roc(Receiver Operating Characteristic Curve)曲线等[②]。在文本分类过程中,类别不平衡的问题比较突出,若仅仅以分类类别

---

① Vosoughi S, Vijayaraghavan P, Roy D. Tweet2Vec: Learning Tweet Embeddings Using Character-level CNN-LSTM Encoder-Decoder [C] //International Acm Sigir Conference on Research & Development in Information Retrieval. ACM, 2016: 168-176.

② Sameera G, Vardhan R V, Sarma K V S, Binary classification using multivariate receiver operating characteristic curve for continuous data [J], Journal of Biopharmaceutical Statistics, 2016, 26 (3): 421.

的准确率指标作为分类器的判断标准的话，则会出现极端情况。即当在一个二分类样本中，其中一类比重达到90%，另一类所占比重为10%，对于大部分的分类器来讲，只要将所有样本都判为占比为90%的那一类，就会有90%的查准率。但是这在实际应用中是毫无意义的，因此，在对分类器进行评价时，有必要引入信息检索中的混淆矩阵（如图2-2所示）。

Confusion matrix 混淆矩阵		True Class 真实值	
		Positive 正例	Negative 反例
Predicted Class 预测值	Positive 正例	True Positive count（TP）真正例	False Positive count（FP）假正例
	Negative 反例	False Negative count（FN）假反例	True Negative count（TN）真反例

图 2-2　混淆矩阵①

假设 $A = \{a_1, a_2, a_3, \cdots, a_n\}$ 为类别的标签集，其中，TP_i 为分到类别 a_i 中的正确样本数量；FP_i 为分到类别 a_i 中的错误样本数量；TN_i 为既不属于类别 a_i 也未分到类别 a_i 中的样本数量；FN_i 为属于类别 a_i 却未分到类别 a_i 中的样本数量。

查准率（Precision）：表示由分类器分到类别 a_i 的正确样本数量与分到类别 a_i 的所有样本数量的比率。查准率的值越大表示该分类器在此类判断中正确的概率越高。

$$P = \frac{|TP_i|}{|TP_i| + |FP_i|} \quad (2.1)$$

召回率（Recall）：又被称为"查全率"。表示由分类器分到类别 a_i 的正

---

① Landgrebe T C W, Duin R P W, Efficient Multiclass ROC Approximation by Decomposition via Confusion Matrix Perturbation Analysis [M], IEEE Computer Society, 2008.

确样本数量与分到类别 a_i 的应有样本数量的比率。召回率的作用是评估分类结果是否完整，召回率的值越大表示该分类器在此类查找中完整的概率越高。

$$R = \frac{|TP_i|}{|TP_i| + |FN_i|} \quad (2.2)$$

在实际操作中，查准率和召回率达到100%的分类器是不存在的，同时，在相同情境中这两个指标还会出现互相排斥的特性，即当查准率较高时召回率较低，查准率较低时召回率较高。因此，需对这两个指标使用一个综合评价指标F-measure检验来进行调和，公式为：

$$F = \frac{(\beta^2 + 1) \times P \times R}{\beta^2 \times P + R}, 其中 \beta \in [0, \infty) \quad (2.3)$$

公式2.3中的 β 代表了查准率和召回率的权重。通过对 P 值和 R 值进行调和，得出的 F 值可以综合反映出整个分类的性能。其中，β 的取值通常为1。

本书在对社交媒体生成信息进行情感分类时采取上述评估指标，通过查准率 P、召回率 R 以及 F 值对本书所构建的模型有效性进行验证。在本书的实验过程中查准率与召回率是同等重要的，即用 F_1 值来衡量分类性能。

第三节 心理健康研究相关理论

一 心理健康的概念

对于心理健康的定义和内涵，国内外学者曾从不同的角度进行过探讨。1989年，世界卫生组织（World Health Organization，WHO）对心理健康进行了新的定义："心理健康是一种充满了幸福感的状态，个人意识到他或她自己的能力，能够应付正常的生活压力，可以高效地、卓有成效地工作，并能为社会做出贡献。"[1] 除了上述专业机构给出的定义外，业内学者也从不同的方面进行诠释。一种得到众多研究者认可的观点是：心理健康不仅

---

[1] Herrman H, Saxena S, Moodie R, et al., Promoting mental health: concepts, emerging evidence, practice: a report of the World Health Organization, Department of Mental Health and Substance Abuse in collaboration with the Victorian Health Promotion Foundation and the University of Melbourne [J]. Geneva World Health Organization, 2005: 545-580.

能够最大化地发挥个人的潜能,还可以妥善处理和适应与他人之间关系、与社会环境之间的关系。具体来看,包含两方面的内容:第一,个体的心理功能与社会上大部分人相比无显著差异,无心理疾病;第二,个体能够根据社会及周围环境,积极调节自身的心理状态,在完善个人生活的基础上为社会发展做出贡献。

简而言之,心理健康就是指个体在适应各种环境的过程中,能够使生理、心理和社会性等各方面达到平衡状态,并保持一种积极的心理状态。其特征包括以下4个方面。

(1) 智力正常。这是保障个体能够进行正常生活、学习、工作以及劳动的前提条件。

(2) 情绪稳定与愉快。具有稳定以及愉快的情绪是心理健康的重要判别依据,因为它是个体中枢神经系统处于相对平衡状态以及具备正常肌体协调功能的重要标志。心理处于健康状态的个体,其思想与行为之间是相协调和统一的,行为受意识的支配和约束,具有较强的自我控制能力。而心理健康出现异常的个体,其行为和思想相抵触、思维紊乱、无法集中注意力、语言逻辑混乱,此时必须进行心理干预与治疗。

(3) 良好的人际关系。作为整个社会的组成,个体在关注自身状态的同时,还需要维持与他人之间的社交关系,人与人之间的交往活动也是个体具备健康心理的重要指标。与他人维系良好的互动关系,不仅可以使个体保持积极向上的精神状态,还可以使个体具备调节心理状态的能力。

(4) 良好的适应能力。社会环境的多变性、复杂性要求个体必须具备自我调节、自我适应的能力,良好的适应能力不仅可以使个体具有健康的心理,还可以使个体具备解决实际问题的能力,达到行为和认知的协调统一。

心理状态的改变会直接通过情绪的变化来表现。持续的高强度的负性情绪状态不仅给患者心理带来极大的创伤,同时还会给患者生理上带来严重的影响,导致患者生理器官功能的退化、行为能力的丧失。例如:焦虑(Anxiety)、精神分裂(Schizophrenia)、强迫症(Obsessive-compulsive)、双相情感障碍(Bipolar Disorder)等各种心理疾病[1]。其中,抑郁症(Depression)被世界卫生组织评定为当下最为严重的心理健康疾病之一。抑郁症是一种

---

[1] 胡泉:《基于新浪微博的互联网用户心理健康状态判别》,河南大学硕士学位论文,2015。

典型的情绪持续处于低落状态的疾病,除心境低迷以外,还伴有焦虑、生理不适以及睡眠障碍等症状,其由于具有突出的患病率高、复发率高、致残率高和自杀率高的特点,被预估为世界发达以及发展中国家在未来 20 年最严重的心理疾病[1]。因此,心理健康问题需要引起高度重视并采取早识别、早干预等积极有效措施。

二 心理健康测量及疾病分类

(一) 心理健康的测量

心理健康状态具有隐含性特点,即无法直接进行测量,必须借助外显行为样本进行间接测量。通常对心理健康状态进行识别的方法包括自陈式量表、结构性访谈、临床医学诊断等。相应地,对心理健康状况进行测量的工具种类繁多,由于心理学涉及多领域,衍生出的测量工具也具有领域特点。据不完全统计,目前对个体进行心理健康测试的方法超过 85 种,而且还在不断地增加。心理健康测试中最常用的 5 种量表式测量方法包括:卡特尔人格测验 (16PF)、艾森克人格问卷 (EPQ)、大学生人格问卷 (UPI)、抑郁自评量表 (CES-D)、症状自评量表 (SCL-90)。

其中,使用频率最高、涉及领域最广、选择度最优的测量工具是症状自评量表 SCL-90。该量表是由美国心理学家 L. R. Derogatis 于 1973 年编制而成,其初衷是筛选用于第二次世界大战的新兵。1984 年,上海市精神卫生中心研究员王征宇教授将其引入我国并进行重新编译,在结合我国实际情况的基础上,经过对大众心理状况的实地调查和考量,制定出符合我国国民心理健康状况的常模标准[2]。此量表具有反映症状项目全面、信息容量大、测试效果优良等特点,在信度和效度的检验上也表现良好。

该量表能够针对个体差异,从感觉、情感、思维、意识、行为、生活习惯、人际关系、饮食睡眠等多角度对个体对象的心理健康状况进行评估和判定。量表一共设置 90 个项目,分为基本信息和症状自评两个部分。其

---

[1] Mathers C D, Loncar D, Projections of Global Mortality and Burden of Disease from 2002 to 2030 [J], PLoS medicine, 2006, 3 (11): e442.
[2] 朱玉兰:《基于模糊综合评判的大学生心理健康分析应用研究》,哈尔滨工程大学硕士学位论文,2013。

中，基本信息主要是对测试个体的基础资料进行调查，症状自评是对测试个体的心理健康状况影响因子进行调查。每项评分机制设为5分，分值由小到大表示该项目对被试个体的影响力大小。即1分代表"无"；2分代表"轻度"；3分代表"中度"；4分代表"偏重"；5分代表"严重"。最后对所有分值进行统计，以总体得分作为反映个体心理健康状况水平的判断标准，160~200分的为轻度心理症状，200~250分的为中度心理症状，大于250分的，表示已经患有较为严重的心理问题。

针对早期抑郁症的识别，最为常用的检测手段为抑郁自评量表（CES-D）。1977年，该量表由美国国立精神卫生研究所的Sirodff编制而成。其经常用于对抑郁症早期识别的流行学调查，主要是起到筛选和初步判断的作用，以供进一步的临床确诊做参考。与其他抑郁自评量表相比，在内容上CES-D主要针对个体的情绪进行设置，而较少涉及生理以及躯体症状。量表总体较为短小，共设置20项，评分机制采用3分制，按照测量前一周的时间跨度统计出现的情绪或者感觉频次，具体标准为：一周之内出现某症状的频度不满1天计为0分，表示"无或基本无"；一周之内出现频度为1~2天计为1分，表示"较少"；一周之内出现频度为3~4天计为2分，表示"经常会有"；一周之内出现频度为5~7天计为3分，表示"几乎每天都会有"。最后将所有得分进行汇总，得分在10分以内的为无抑郁症状；10~15分的为出现抑郁倾向；大于20分的表示有较为明显的抑郁状态，建议去专业心理医疗机构进行临床诊断。

（二）心理疾病的分类

心理疾病的分类问题一直是业界难以突破而又较为关注的焦点。虽然心理健康状况分类不能完全按照精神疾病的分类方法进行，但是精神疾病的分类有助于帮助我们建立心理健康测评系统。目前，较为常用的精神疾病分类工具有3个：DSM、ICD、CCMD-3。

《诊断和分类手册第五版》（DSM-5）。《诊断和分类手册第五版》是由美国精神病学会制定的精神病学分类工具[1][2]。其将精神方面的障碍划分为以

---

[1] 王清亮、刘志民：《DSM-V物质相关障碍诊断分类及标准的解读与比较》，《中国药物依赖性杂志》2011年第2期，第157~158页。

[2] 陈美英、张斌：《〈精神障碍诊断与统计手册第五版〉双相障碍分类和诊断标准的循证依据》，《中华脑科疾病与康复杂志》（电子版）2014年第4期，第207~211页。

下几个大的类别：有关儿童和少年期经常出现的首次诊断的精神障碍；关于痴呆、遗忘以及其他认知类的障碍；使用成瘾物质而造成的精神障碍；心境以及焦虑障碍；由躯体疾病引起的精神障碍；精神分裂以及其他精神病性质的障碍；分离性的障碍；性及性身份的障碍；以躯体形式存在的障碍；进食及睡眠障碍；做作性的障碍；冲动控制障碍；适应性方面的障碍；人格障碍以及其他情况。

《国际疾病分类第十版》（ICD-10）。《国际疾病分类第十版》是由世界卫生组织 WHO 制定的，其中也考虑到发展中国家的精神病情况，属于国际通用的分类标准[①]。ICD-10 将精神障碍划分为包含症状性的器质性精神障碍，与神经应激有关的躯体形式障碍，由精神活性物质导致的精神和行为障碍，情感障碍，精神发育与心理发育迟缓及停滞，表现为生理紊乱及躯体形式的行为综合征，精神分裂以及精神妄想障碍，人格障碍，起源于童年与少年期疾病的行为与情绪障碍。

《中国疾病分类第三版》（CCMD-3）。《中国疾病分类第三版》是由中国精神疾病研究工作小组从我国国情出发，综合以往我国关于精神疾病分类的各版本优缺点，借鉴 ICD-10 和 DSM-5，并结合现场测试和前瞻性随访测试的结果，出版了 CCMD-3 和《CCMD-3 相关精神障碍的治疗和护理》[②]。一共包括十大类：器质性精神障碍，由非成瘾物质导致的精神障碍，由精神活性物质导致的精神障碍，精神分裂症以及情感性障碍，癔症、精神病以及严重应激障碍，由心理原因导致的生理障碍，人格、品行及情绪障碍，冲动控制及习惯障碍，性心理障碍，童年和少年期心理发育迟缓及停滞障碍和多动症。

三 情绪结构理论

心理健康在很大程度上依赖于情绪来进行表征。在心理学研究领域，现行对情绪的研究还不能像对其他客观对象一样进行，因为情绪是一种摸不着、看不到、不可名状的复杂心理过程，只能通过人的主观感受去进行描述，无法通过定量或者定性的方式直接去界定，因此，通过语言标签赋予情绪固定的含义并进行区分。由于情绪涉及的领域学科比较广泛，不同

[①] 姜佐宁：《国际疾病分类第十版（ICD-10）中关于使用精神活性物质引致心理与行为障碍的分类与诊断指导》，《中国药物依赖性杂志》1989 年第 3 期，第 4~7 页。

[②] 李雪荣、苏林雁、罗学荣等：《中国精神疾病分类与诊断标准第三版（CCMD-3）儿童青少年部分的修订与现场测试》，《中国心理卫生杂志》2002 年第 4 期，第 230~233 页。

领域的研究侧重点也不同。因而，研究情绪的理论存在多种认知派别。其中业界研究者比较认可的有两种：一是分类说（Categorical Approach），二是维度说（Dimensional Approach）。

分类说的主要思想：把情绪当作社会人在生长和发展中对外部环境的一种应激反应，是个体自适应性调节功能的产物。这种分类理论涉及情绪的研究面比较广泛，包括情绪的内部生理机制、情绪的外部行为表现等。持有分类学说观点的研究者认为情绪存在可分的情绪单元，即情绪可以由基本情绪（Basic Emotion）组成，并且基本情绪的数量是可数的、形式是可定义的，同时它们之间是不存在交叉和重复的[1]。情绪维度取向即维度说，则与情感分类取向相反，它认为情绪是密切相关的连续体，并且它们之间的关系处于一种模糊的状态，不太可能划分出具体的情绪，所有的情绪都是基于几种基本维度的高度相关体。对情绪的研究应从情绪的几个基本维度出发，抓住情绪的核心或是本质来进行阐述[2]。不过，这种理论本身也存在争议，在情绪基本维度的数量和类型，以及情绪基本维度是单极还是双极等问题上还没有一致性的见解和说法。

（一）情绪分类理论

情绪分类理论是建立在基本情绪理论基础上的，它认为情绪是由几种相对独立的基本情绪构成，并且由这几种基本情绪经过不同组合形成多种复合情绪。其中，基本情绪是人类和动物先天具备并共同具有的，是一种本能的反应，不需通过后天学习即可获得。在情绪产生时有着共同的原型或者模式，并且伴随着个体的产生而产生、发展而发展。同时，它们之间是没有交叉的，各为独有的维度，并且都有自身特有的内部生理机制和相应行为表现。除这几种基本情绪之外的非基本情绪或者复合情绪，是在基本情绪的基础上进行变换或者组合后的结果，其中还涉及人的认知评价作用。

基本情绪理论起源于达尔文的进化论[3]。在其撰写的《人与动物的情绪

---

[1] Ortony A, Turner T J. What's Basic About Basic Emotions? [J]. Psychological Review, 1990, 97 (3): 315.

[2] Watson D, Clark L A. Measurement and Mismeasurement of mood: Recurrent and Emergent Issues [J]. Journal of Personality Assessment, 1997, 68 (2): 267-296.

[3] Darwin C, Bynum W F. The Origin of Species by Means of Natural Selection, or the Preservation of Favored Races in the Struggle for Life [M]. AL Burt, 2009.

表达》一书中，达尔文根据对人类和动物的面部表情研究，提出 6 种最基本的情绪：快乐、悲伤、愤怒、恐惧、厌恶以及惊奇[1]。美国心理学家 R. Plutchik 在其研究中也认可达尔文进化论中对情绪的界定，认为情绪是在生物繁衍和进化过程中对客观世界的自适应反应。除此之外的情绪产生都是在此基础上的衍生或者是混合的产物[2]。

早在 1956 年，H. H. Nowlis 和 V. Nowlis 首次使用探索性因素分析方法进行研究，也得出 6 种独立情绪[3]。美国心理学家 P. Ekman 对这一理论的构建和完善起到极大的促进作用。其从人类面部表情变化的角度出发，发现情绪和面部表情变化之间也存在一一对应的关系，并由此界定基本情绪分为 6 种：快乐、悲伤、愤怒、恐惧、厌恶和惊奇[4]。K. Oatley 和 P. N. Johnson-Laird 通过对情绪词汇的语义分析，发现了 5 种基本情绪：愉快、愤怒、悲伤、厌恶和焦虑，并且认为这些情绪是没有明确原因或指向即可出现的、不能再分解的情绪[5]。M. Power 和 T. Dalgleish 经过对相关研究的梳理，也表明快乐、悲伤、愤怒、恐惧以及厌恶这 5 种情绪为基本情绪，因为它们几乎在所有的基本情绪列表中都会出现[6]。

（二）情绪维度理论

与情绪分类理论的主要思想不同的是，情绪维度理论主要用维度空间来对情绪进行表示。研究者提出情绪分类不能够仅仅用离散的情感标识来进行，情绪本来就是不可直接描述的、不可直接测量的，所以对情绪的划

---

[1] Darwin C, The Expression of the Emotions in Man and Animals [M], Oxford University Press, USA, 1998.
[2] Plutchik R, The Nature of Emotions Human Emotions Have Deep Evolutionary Roots, A Fact that May Explain Their Complexity and Provide Tools for Clinical Practice [J], American Scientist, 2001, 89 (4): 344-350.
[3] Nowlis V, Nowlis H H, The Description and Analysis of Mood [J]. Annals of the New York Academy of Sciences, 1956, 65 (1): 345-355.
[4] Ekman P, Friesen W V, O'sullivan M, et al., Universals and Cultural Differences in the Judgments of Facial Expressions of Emotion [J], Journal of Personality and Social Psychology, 1987, 53 (4): 712.
[5] Oatley K, Johnson-Laird P N, Towards a Cognitive Theory of Emotions [J], Cognition and Emotion, 1987, 1 (1): 29-50.
[6] Power M, Dalgleish T. Cognition and Emotion: From Order to Disorder [M], Psychology press, 2015.

分需要从连续的维度空间来进行。这个维度空间里最重要的就是支撑维度的界定。支撑维度构成的连续空间可以包含全部情绪，在这个维度空间里情绪转换不是离散孤立的，而是连续的、逐步的、无显著差异的变化，而维度空间之间的距离是判断情绪间异同的重要依据①。

在对情绪维度理论进行构建和研究的过程中，H. Schlosberg 也是从人类面部表情的角度出发。按照情感分类理论对被试者发布情绪指令时，发现被试者面部表情与情绪类别之间存在较大的误差，引发了其对情绪分类理论的反思，并将注意力转向情绪维度理论的思考。H. Schlosberg 在最初的情绪环形结构模型（Circumplex Model）里，用两维来对情绪基本结构进行解析，即"愉悦-不愉悦"和"注意-拒绝"②。美国心理学家 C. E. Osgood 比较认同情绪维度理论，他认为有机体在经受客观世界各种刺激的过程中，会根据价值、活力和力量维度上的语义差别做出判断。同时，在对客观世界存在的外在刺激进行界定时，外在刺激分为生理因素和社会因素两个方面③。受其启发，J. A. Russell 和 A. Mehrabian 从效价-唤醒维度、积极-消极维度、能量-紧张维度 3 个维度对情绪状态进行了解读，并提出了情绪状态的三维度模型"Pleasure-arousal-dominance model"（PAD）④。

德国心理学家 Wilhelm Wundt 提出，心理元素是一切心理现象的基本构成。心理元素是底层的心理结构，可以从感觉和情感两个方面来进行阐述。感觉主要是从客观内容上对人的经验进行描述，而情感主要是从主观内容上对人的经验进行呈现，其中，感觉是心理元素的基本单位，而情感是对感觉的主观补充。在此基础上，Wilhelm Wundt 提出了"情感三度说"，尝试从愉快-不愉快、兴奋-沉静、紧张-松弛 3 个基本维度来对情感进行分类⑤。D. Krech 和 R. S. Crutchfield 对情绪的研究主要是从社会性的角度来进

---

① 王青：《基于神经网络的汉语语音情感识别的研究》，浙江大学硕士学位论文，2004。
② Schlosberg H, Three Dimensions of Emotion [J], Psychological Review, 1954, 61 (2): 81.
③ Osgood C E, Dimensionality of the Semantic Space for Communication via Facial Expressions [J], Scandinavian Journal of Psychology, 1966, 7 (1): 1-30.
④ Russell J A, Mehrabian A, Evidence for a Three-Factor Theory of Emotions [J], Journal of Research in Personality, 1977, 11 (3): 273-294.
⑤ Wassmann C, Physiological Optics, Cognition and Emotion: A Novel Look at the Early Work of Wilhelm Wundt [J], Journal of the History of Medicine and Allied Sciences, 2008, 64 (2): 213-249.

行。他们认为个体是社会的组成部分,作为社会关系的总和,个体情绪从出生就不可避免地具有社会性,人的成长过程就是情绪的社会化过程,并试图从强度、紧张度、快感度和复杂度4个基本维度对情绪进行划分,最终将情绪划分为6类:元情绪、与感官受外在刺激相关的情绪、与个体自我评价相关的情绪、与他人相关的情绪、对人和事物欣赏的情绪、心境①。

虽然关于情绪以及情感的研究已经有了相当丰硕的成果,但是情绪作为一种摸不着、看不到、不可名状的复杂心理过程,只能通过人的主观感受去进行描述,无法通过定量或者定性的方式以及上述的分类理论和方法准确地去界定。同时,人的成长过程本就是情绪的社会化过程,因此对于情绪的研究也应随着社会化的进程而不断做出调整。随着科学技术发展的突飞猛进,借助计算机手段来研究人类情绪已经成为一个重要的方向和突破口。

第四节 本章小结

本章主要从本书的研究对象、研究内容和研究方法的角度出发,分别从社交媒体基本理论、情感分析的基本理论、心理健康研究相关理论3个方面对社交媒体情感分析的理论基础展开论述。社交媒体平台是本书的主要研究对象,本章对社交媒体的概念、社交媒体生成内容的特征进行了分析。心理健康是本书的主要研究内容,本章对心理健康的概念、分类及测量工具进行了介绍与总结。同时,在对与心理健康密切相关的情绪概念进行介绍时,引入了情绪结构理论,分别从情绪分类理论和情绪维度理论进行分析,为研究情感分类任务奠定了理论基础。情感分析是本书的主要研究任务和方法,通过对相关理论知识的总结和整理,为做好本研究的工作奠定了坚实的理论基础,同时,也为后续研究中涉及的模型、数据、评价指标等知识提供必要的铺垫。

---

① Krech D, Crutchfield R S, Ballachey E L. Individual in society: A textbook of social psychology [J]. Journal of Intellectual Disability Research, 1962: 91-99.

第三章 社交媒体用户心理健康情感分析研究框架

文本结构、使用的语言以及语言特点对情感分析所使用的技术和模型有很大的影响。社交媒体文本属于半结构化或非结构化文本,特别是以Twitter、微博为代表的社交媒体平台用户生成的信息。通过研究社交媒体用户心理健康情感表达的语言特点,为社交媒体用户情感分析框架的构建奠定了基础。本章对目前社交媒体情感分类技术以及情感主题识别技术进行了归纳,并对已有技术的优缺点做了分析。基于社交媒体用户情感表达的语言特点和不同的情感分析技术的适用范围,选择和构建适当的情感分析模型完成心理健康中负性情感识别以及心理健康情感主题的识别任务。

第一节 社交媒体用户情感表达的语言特点分析

语言是了解人类心理的媒介,个体使用语言和词语的内容与方式可以反映出个体的情绪与性格,以及自身所处的社会关系等各种信息[①]。语言表达不仅能够反映出个体的性格,即相对稳定的一面,还可以传递出个体的情绪,即相对状态性、短暂的一面。本书对语言特征的研究主要是从用户生成信息中使用的主观词汇指标来分析,例如:词汇差异性、内容差异性、词汇情感属性等。

据临床心理学研究表明,与正常人群相比,心理健康风险水平较高的人群在语言使用、语言风格、情感表达等方面存在明显的差异。互联网作为一种全新的社会关系环境,对用户的心理状态的影响有着与现实社会不

---

① Tausczik Y R, Pennebaker J W. The Psychological Meaning of Words: LIWC and Computerized Text Analysis Methods [J]. Journal of Language and Social Psychology, 2010, 29 (1): 24-54.

同的特殊性和新颖性。同时，社交媒体生成信息的语言特点与传统文本的语言特点也存在显著差异，其语言具有词语搭配随意、语法不规范、语义表达多样、语言更新周期短等特点。因此，要对社交媒体用户情感进行研究，首先要明确与心理健康状态相关的社交媒体文本情感表达的语言特点。

一　社交媒体用户情感表达语言特点分析框架

本章将对与心理健康状态相关的社交媒体文本情感表达的语言特点进行分析，将心理异常人群与心理正常人群在社交媒体平台发布的信息进行对比研究，主要从词语类别、语义类别、语言风格等方面展开，以确定心理异常人群与心理正常人群语言特征的差异性。具体分析框架如图3-1所示。

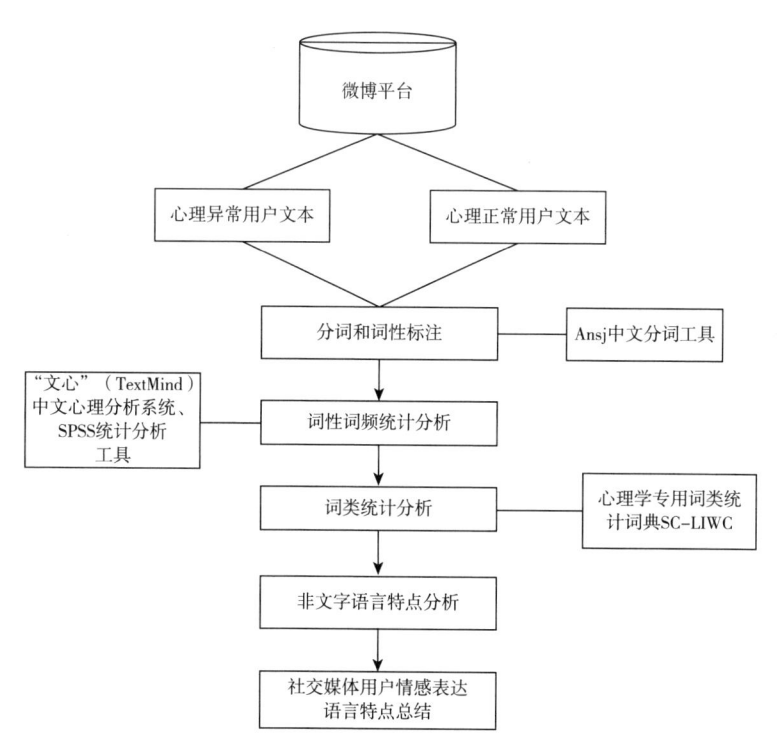

图3-1　社交媒体用户情感表达的语言特点分析框架

（一）数据获取

作为中文社交媒体最大的平台，本书选取新浪微博作为数据来源。数据来源分为两个部分，一部分为心理健康高风险人群（自杀死亡用户群体、抑郁症患者群体），另一部分为健康人群。

心理异常用户群体的收集工作主要以官方认证帐号"走饭"为中心源，从其微博中筛选出被描述为抑郁症、自杀死亡的微博用户数据。"走饭"曾是南京高校的一名女大学生，于2012年3月17日凌晨自杀。同年3月18日，其通过可以实现定时发布微博功能的第三方微博管理应用工具"皮皮时光机"发出最后一条微博："我有抑郁症，所以就去死一死，没什么重要的原因，大家不必在意我的离开。拜拜啦。"该消息得到官方证实，并引发转载量和评论量的急剧上升，截止到2017年1月27日评论区评论词条突破58万条。根据官方公布的消息，证实该文本发布用户为抑郁症患者，该微博帐号因此成为抑郁症以及其他心理疾病患者的集中交流节点。相关研究机构及学者也开始关注这一现象，并将其命名为"树洞"现象。

心理异常人群数据收集工作的具体方法为：从"走饭"微博评论区中筛选出被描述为抑郁症、自杀死亡的微博用户账号。在每一个疑似心理异常用户的账号主页里，查找被该账号关注的至少3名用户留言信息，再次人工复核该账号的所有者，是因为自杀死亡或者是抑郁症患者。以此方法，共计收集到心理异常人群的微博用户账号231个（筛选标准为原创微博数不少于150条）。

心理正常用户群体收集工作主要通过发放在线调查问卷的形式来进行，选取社交平台为新浪微博，对象为微博活跃用户。同时，在获得用户授权的情况下抓取其发布的微博数据。调查问卷的发放有两种方式：一是随机挑选用户，给其发送留言邀请参与；二是借助微博活跃度较高、有一定影响力的用户转发调查信息。问卷采用两个量表：贝克自杀意念量表中文版（SSI）和抑郁量表（CES-D）。贝克自杀意念量表中文版（SSI）共有19个项目，其中项目4和项目5选择"没有"，即可提前结束问卷，总分越低则自杀意念越低。抑郁量表（CES-D）共有20个项目，采用4点计分，得分小于53分可判定为没有抑郁倾向。从2017年4月12日到6月30日，笔者随机共向500名新浪微博用户发放了问卷，在获得参与者知情同意的前提下，共回收问卷437份。经量表筛查，近期有抑郁倾向用户58人，心理正常用户379人。根据伦理学的要求，只保留年满18周岁用户的数据。同时，对其中在2017年1月至7月原创微博数大于150条的活跃用户进行保留筛选，最终样本包含406名微博用户。

在确定了研究对象以后，我们使用八爪鱼采集器通过微博API接口分别对这两组微博用户进行数据抓取,并对抓取的数据进行预处理。最终获取心理异常用户组发布微博文本 35133 条,心理正常用户组发布微博文本 48631 条。

(二) 分词及词性标注

在对文本进行语言特点分析之前,需要利用中文分词工具对两个对照组用户发布的微博文本并进行分词和词性标注。对于普通的分词以及词性标注任务目前有很多性能良好的开放式免费工具,比如:ICTCLAS 分词器[①]、SCWS 分词器[②]、LTP 分词器[③]、结巴分词器[④]、盘古分词器[⑤]等。但是从心理分析的角度仅仅使用此类常用的分词工具,则不能达到预期的心理词汇提取效果,因此仍需要采用一种面对中文语言心理分析的系统软件来对文本进行分析。

本书使用 Ansj 中文分词工具对心理异常用户和心理正常用户发布的文本进行分词和词性标注[⑥]。本研究面向心理健康研究,其中涉及一定的心理健康词汇和情感词汇,因此需要扩充分词词库。Ansj 采用的基础算法是中科院的 ICTCLAS 中文分词算法,根据 HMM 模型及其隐藏状态序列解码算法,查找最短路径和规划最优路径,其比其他常用的开源分词工具的分词准确率更高。同时,Ansj 是开源软件,将中文版 LIWC 词库添加到 Ansj 工具中来进行两个对照组文本的分词。

"语言探索与字词计数"软件 LIWC 是由美国社会心理学家 Pennebaker 等人开发的一款语言心理特征测量工具,从一定程度来讲它也是一种自然语言处理技术。通过使用 LIWC,可以将导入的文本内容按照不同的心理类别进行量化分析,并可以实现心理测量。软件的主体包含两个部分:语言词典和语言程序。语言词典是 LIWC 软件的核心部分,它对语言归属的类别以及词汇列表名称进行了界定。而语言程序的主要功能是将输入文本中的词汇与 LIWC 词典进行匹配分析,并输出相应的词语类别以及词频统计。用户可以通过词汇的使用统计变化来分析及预测个体的心理状态。软件开发

---

① http://ictclas.nlpir.org/.
② http://www.xunsearch.com/scws/.
③ https://www.ltp-cloud.com/.
④ http://www.oss.io/p/fxsjy/jieba.
⑤ http://pangusegment.codeplex.com/.
⑥ http://www.nlpcn.org/.

初期仅仅是对文本中的消极和积极词汇进行百分比的统计，随着实际使用以及研究的深入，测量维度逐步扩展，多达70多个，这些测量维度的扩展使心理测量角度更加全面，使可获得的用户心理特征信息更加丰富。

（三）统计分析

统计分析阶段分为两个部分，首先使用"文心"（TextMind）中文心理分析系统对两个对照组文本进行使用频率统计[①]，其次使用SPSS统计分析工具进行语言特征比较。TextMind是由中科院心理研究所计算网络心理实验室研发的，主要针对中国大陆地区简体环境下的语言特点，参照LIWC 2007和简体中文SC-LIWC词库开发而成。本书将抓取的两个对照组的每名用户的微博文本视为一个大的文本，然后使用该软件计算出每一类别词语占总文本内容的百分比，这样每一个语言特征将有一个百分比。通过计算每一类别词汇的使用频率，来实现对每个用户文本集内容的统计分析。最终，可以得到两种文本的语言特征并利用SPSS统计分析工具进行对比分析。

二 社交媒体文本词类统计分析

繁体TC-LIWC和简体SC-LIWC是由中国台湾地区学者黄金兰等人在借鉴英文版LIWC词典的基础上构建的中文版心理词典，经过检验具有较高的可靠性和有效性[②]。目前，简体中文SC-LIWC总共有88种词汇类别，具体词类结构如图3-2所示。其中，包含4个一般描述性类别（总词数、每句词数、超过六字母字词、抓取率）、22个语言特性类别（人称代词、助动词、连词、介词等）、32个心理特性类别（社会过程词、情感过程词、认知过程词、感知过程词、生理过程词等）、7个个人化类别（工作词、娱乐词、家庭词、金钱词等）、3个副语言学类别（应和词、停顿赘词、填充赘词）等，总计4500个字词。经过大量的实验，其在探索词汇意义的能力上有很高的价值，具有良好的内部效度和外部效度，并能够广泛运用于个体情绪性、社会性、注意力焦点、性格以及差异性等研究当中。

[①] http://ccpl.psych.ac.cn/textmind/.

[②] 黄金兰、Hui, N. C.、林以正等：《中文版语文探索与字词计算字典之建立》，《中华心理学刊》2012年第2期，第185~201页。

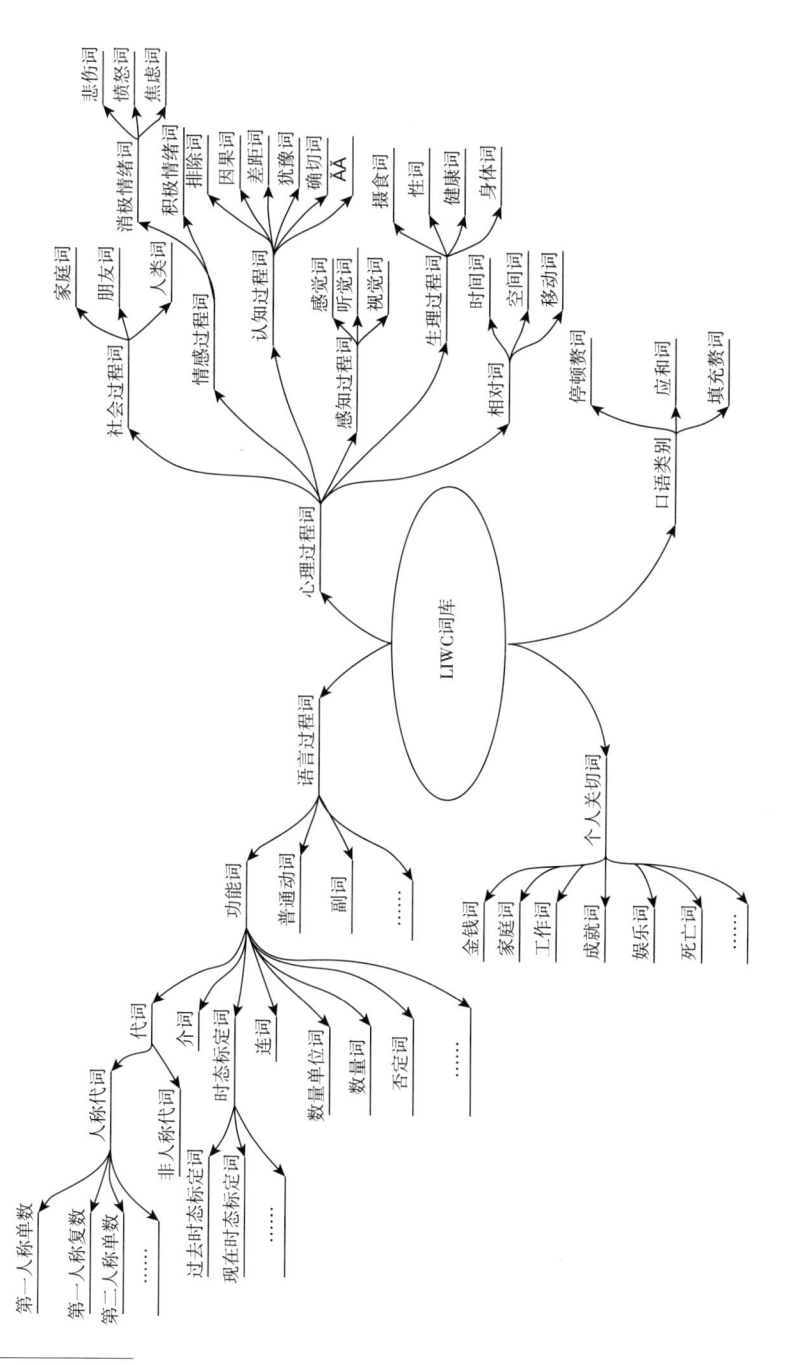

图3-2 SC-LIWC 词类结构框架[①]

① 管理、郝碧波、刘天俐等:《新浪微博用户中自杀死亡和无自杀意念者特征差异的研究》,《中华流行病学杂志》2015年第5期,第421~425页。

本书通过 Ansj 分词工具对心理异常组用户和心理正常组用户发布的文本信息进行分词及标注，经过统计分析发现，两个对照组用户在 17 类词汇的使用频率上存在明显的区分度：特定人称代名词、非特定人称代名词、第一人称单数、第三人称单数、社会历程词、焦虑词、宗教词、人类词、消极情感词、悲伤词、愤怒词、工作词、死亡词、健康词、家庭词等。具体对比情况见图 3-3。

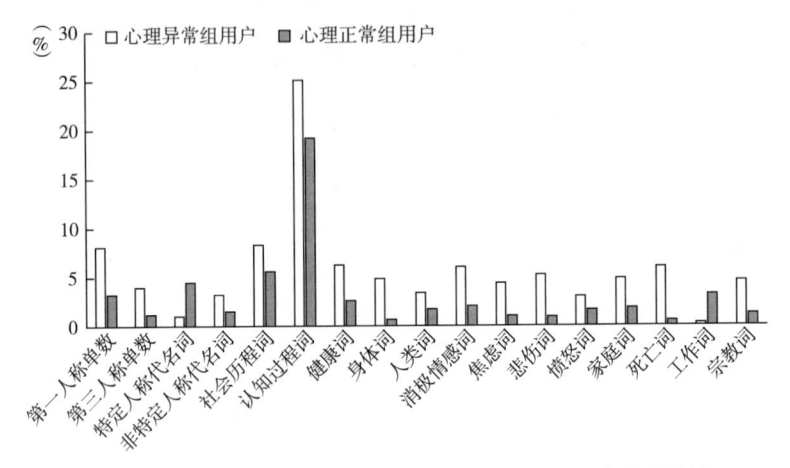

图 3-3　心理异常组与心理正常组用户发布文本词类使用统计

语言过程词类使用方面，心理异常组用户对第一人称单数（我）、第三人称单数（他、她）、非特定人称代名词（一切、那个人）这些词语的使用频率要高于心理正常组用户。因为心理异常组用户与心理正常组用户相比，自我的关注度更深，在文本的表达中多是陈述性、感觉性的自我描述，而心理正常组用户关注点比较广泛，发布的信息多是对事物、话题或者人物对象的评价，因此对第一人称单数的使用频率（3%）要低于心理异常组用户的使用频率（8%）。从一定程度来讲，对自我关注的程度是衡量个体心理异常的重要标准，这个在很多研究中已经得到证实[1][2][3]。

---

[1] Rude S, Gortner E M, Pennebaker J. Language Use of Depressed and Depression-vulnerable College Students [J]. Cognition & Emotion, 2004, 18 (8): 1121-1133.

[2] Chung C, Pennebaker J W. The Psychological Functions of Function Words [J]. Social Communication, 2007: 343-359.

[3] Tausczik Y R, Pennebaker J W. The Psychological Meaning of Words: LIWC and Computerized Text Analysis Methods [J]. Journal of Language and Social Psychology, 2010, 29 (1): 24-54.

心理过程词类使用方面，认知过程词中心理异常用户更频繁地使用排除词（例如：可是、但是），同时对于因果词、犹豫词的使用频率（25%）要大于心理正常用户（19%）。从情感层面上更多使用否定、消极的词语（例如：罪大恶极、自生自灭），包括悲伤的情绪、焦虑的情绪和愤怒的情绪，情绪的表达是心理变化最直观的表现，心理异常用户心境处于持续低落状态，因此对于事实的描述多采用负面意向的表达。

在生理过程词中，心理异常用户会多提及身体词以及健康词。这是因为心理的异常往往会使人出现身体疾病以及丧失有效活动的能力，而患者会对这种感受和行为进行语言描述。同时，从统计中还发现在感知过程词中，感觉词以及听觉词在心理异常用户的文本中也会经常出现，例如："耳朵里面住着恶魔与天使，左耳恶魔说你必须得死，右耳天使说一切苦难都会过去的。当我坐在书桌前时，忽然有种异样的感觉产生，似乎有一双期盼的眼睛在凝视着我。"这是因为随着心理异常状况的加重，会出现妄想、幻听等精神疾病症状，这也与临床诊疗相吻合，患者出现幻听、妄想等症状以后会有主动表达的欲望。

个人关切词类使用方面，心理异常组用户更多地使用与死亡、宗教相关的词语，而更少地表达与工作相关的词语。这主要是因为患有心理疾病的个体对于未来感受不到太多的希望，更多的是一种失落无助的低落心境，对生活与工作丧失兴趣，在工作积极性和行动力方面受阻[1]。同时，心理疾病患者宗教词的使用频率也较高，这是因为这些患者在面对内心激烈的心理冲突时也曾试图采取一种积极的应对措施，以转向宗教信仰来寻求帮助。但是在现实生活中宗教信仰环境相对宽松，许多心理正常用户也会信仰各种宗教，因此宗教词的使用还必须结合实际语境进行分析才能做出判断。

三 社交媒体非文字语言特点分析

社交媒体内容丰富多样，既体现在传统文字语言形式上，还存在许多非文字的语言形式。来自语言学领域的研究学者发现，非文字语言已经成为网络语言的重要组成部分[2]。以表情符号、数字符号、标点符号为代表的

---

[1] Lerner D, Henke R M, What Does Research Tell Us About Depression, Job Performance, and Work Productivity? [J]. Journal of Occupational & Environmental Medicine, 2008, 50 (50): 401-410.

[2] Schlichtkrull M S. Learning Affective Projections for Emoticons on Twitter [C] // IEEE International Conference on Cognitive Infocommunications. IEEE, 2015: 539-543.

非文字语言形式,既是对主观文本情感表达的强化,又可以为挖掘客观文本隐含情感提供线索①。在各类社交媒体平台上,我们都可以看到为用户提供的大量的静态或者动态的表情符号以及表情包。研究表明,表情符号所处的文本情境,通常会出现与其具有一致性的其他非文字语言形式以及语义元素。这些丰富的语言表达形式共同反映出用户所要表达的情感,并且将随着社交媒体平台的不断发展,呈现出更多的形式及特点。

(一) 表情符号语言

Emoji,即表情符号语言,它起源于 20 世纪 90 年代日本电信公司 NTT,其本质是对现实人际交流中表情的延伸,将客观事物直接或间接地符号化。在现实社会的人际交流过程中,人们沟通的方式为"有声语言+态势语言",而在网络环境中,仅仅依靠纯文本的方式进行交流是无法准确并且充分传递出个体信息的。由此,表情符号语言应运而生,形成"文字序列+表情语言"的表达方式。新浪微博的默认表情加上心情共有 125 个,表情包有 43 个,并且仍在不断地更新。

本书在对心理正常组用户进行数据抓取的过程中,发现其发布的文本存在大量的表情语言。例如:"以前觉得两个人在一块吃喝玩乐才最开心,现在觉得两个人有各自的追求和目标,能一起向着更好的自己努力🤜。待在一起不是无所事事地消磨时间,而是互相监督、一起奋斗、彼此加油打气、共同做对自己有意义的事,这种才是最踏实的幸福🐶。真庆幸我的进步被你见证❤❤❤,晚安🐶。"可以看到,该微博文本中出现的表情符号所表达的情感信息与文字所表达的情感信息相吻合,共同反映出了博主的积极情感。经过对心理正常组用户发布的 5000 条文本进行统计分析,发现使用表情符号的文本有 4313 条,使用率达到 86.26%。而对心理异常组用户的 5000 条微博数据进行统计,表情符号的使用率仅为 13.3%,因而对表情符号特征的处理对心理状态的分析有着非常重要的意义。

(二) 标点符号语言

在整个语言表达体系中,标点符号体系是书面语言体系的重要构

---

① Suvorov A L, Dolin D E, Emoticons and Social Interaction on the Internet: The importance of social context [J], Computers in Human Behavior, 2007, 23 (1): 842-849.

成，它起到有效补充和辅助理解的作用。标点符号的使用，可以使信息发布者有序并且有效地传递出需要表达的信息，同时使信息接收者可以更加清晰地理解文本中所包含的信息。目前对标点符号的划分可以分为3类：点号、标号和符号。在社交媒体环境下，用户除了对键盘上的标点符号进行常规性的使用之外，还重新构建符号元素以满足个性化的需求。

这种新型的符号体系一般包括两种形式。一种是通过对各种符号进行组合形成符号表情。例如："今天和儿子去看《战狼2》，果然对得起口碑，犯我中华者，虽远必诛！激动指数爆表\(^o^)/"上述微博最后为一个符号表情，表达的是用户激动欢呼的心情。符号表情一般是用户根据人物表情自定义描绘而来，没有形成统一的表情库，因此在信息处理过程中对其识别还比较困难。

另一种是标点符号的非规范化使用。在社交网络平台上，文本语言的使用不仅不符合书写规范，符号语言的使用也具有极大的随意性，文本中经常会出现若干符号连续使用的现象。例如："晚上去见了同学，竟然说我吃胖了????！还是脸最胖！！！！感觉我要哭死在马路边……"该文本中使用了多个非常规标点符号。在现实的社交媒体符号使用体系中，这种非规范化的符号形式也较为多样，可以是一种标点的连续使用，也可以是几种标点的组合使用。从情感分析的角度可以看到，该文本表达的情感强度较高，情绪表达非常强烈。

（三）数字语言

在汉语体系中，存在一些具有固定含义表达的数字，这些数字的使用可以默认为一些特别情感的描述和表示。例如："一大早就收到节日花束和爱心红包，老公520哦♥♥♥♥"中的"520"表示"我爱你"，表达了用户高兴的情绪。这种语言现象在社交网络用语中经常出现，例如："5555"是拟声词"呜呜呜"的数字表示，"6666"主要是取自谐音"溜"，表示"牛""有道理""很好""顶呱呱"的意思。借助数字字符的谐音和寓意，可以将生活用语以数字组合的形式表达出来。分析数字语言特征，有助于分析用户所要表达的情感。

在对心理正常组用户和心理异常组用户发布的文本进行统计分析的过

程中发现，心理异常组用户在标点符号语言和数字语言的使用上远小于心理正常组用户，其使用频率较多的标点符号为"……"，更有甚者在发布的微博短文本中不使用标点符号，只用空格符表示两句之间的间隔。

四 社交媒体用户情感表达语言特点总结

心理异常用户与心理正常用户发布的文本中除了上述主要讨论的词类特点和非文字语言特点存在差异之外，还有一些其他的特点。心理异常用户发布的文本还会包含长句型的描述性信息，包括疾病发作时的症状描述、出现精神幻觉的事件描述、个人经历的叙事性描述等。而心理正常组用户在句法特征上通常采用结构缺失的简单句、非主谓句以及省略句，句子结构简单、形式单一，甚至会出现逻辑矛盾、无完整语义单元的语句，并配有大量的图片。

在语体类别上，心理正常组用户符合典型的网络语体特征。文本中会大量使用网络习惯用语，实时出现网络流行词、比喻联想词，在拟声词和感叹词的使用上要远大于心理异常组用户，例如：嘻嘻、吼吼、咔咔、哇塞、耶、哦等。而心理异常组用户很少使用此类用语，并且有相当一部分用户倾向于采用白话诗的形式来表达情感[①]。总体看来，心理异常用户和心理正常用户发布的文本有着明显的区别，本书对此进行了总结（见表3-1）。

表3-1 心理异常用户和心理正常用户发布的文本语言特点总结

类别	心理异常用户发布的文本	心理正常用户发布的文本
词类使用	第一人称单数使用频率较高 否定词、消极词使用频率较高 身体词、感觉词、听觉词使用频率较高 死亡词、宗教词使用频率较高 情感词使用频率较高	人称代词广泛 消极词使用频率较低 身体词、感觉词、听觉词使用频率较低 死亡词、宗教词使用频率较低
非文字语言使用	较少使用表情符号语言、标点符号语言、数字语言 较少发布图片	大量使用表情符号语言、标点符号语言、数字语言 频繁发布图片，图文匹配一致

---

① Stirman S W, Pennebaker J W, Word Use in the Poetry of Suicidal and Nonsuicidal Poets [J]. Psychosomatic Medicine, 2001, 63 (4): 517-522.

续表

类别	心理异常用户发布的文本	心理正常用户发布的文本
文本内容	自我描述信息、情感表达信息	涉及话题丰富
语体风格	网络流行用语使用频率较低 比喻联想词使用频率较低 拟声词使用频率较低 长句型使用频率较高 诗歌形式使用频率较高	网络体特征明显 使用网络流行用语频率较高 比喻联想词使用频率较高 拟声词和感叹词使用频率较高 句型较短

通过对心理异常用户和心理正常用户发布的文本进行对比分析，发现心理异常用户发布的文本的语言特点，总结如下。（1）对于自我的关注度较高，频繁使用第一人称单数。（2）在文本的表达中多是陈述性、感觉性的自我描述信息，更加注重心理过程词。（3）更多地使用否定、消极的词语，对于事实的描述多采用负面意向的表达，对自我、周围环境以及社会人群表示否定。（4）会较多提及身体部位词以及感觉词、听觉词。（5）更多地使用与死亡、宗教相关的词语，更少提及未来词和与工作相关的词语。（6）在非文字语言使用方面，较少使用表情符号语言、标点符号语言、数字语言。（7）从语体特征角度，网络流行词、拟声词等网络语体较少使用，包含结构较为完整的长句型，会出现现代诗的写作风格。

目前，在研究社交媒体心理异常用户语言特征时，已有相关学者取得了一定的成果，主要是从心理学的角度对用户语言特征进行了总结。分析结果显示，在与前人研究成果相吻合的基础上，本书又识别了非语言文字特征、内容特征、语体特征。这些新的语言特征给进一步研究社交媒体用户心理健康提出了新的思路和挑战。

第二节　社交媒体用户心理健康情感分析框架

一　社交媒体用户心理健康情感分析方法体系

本书在结合社交媒体用户情感表达语言特征的基础上，根据情感分析的主要内容和子任务，将社交媒体用户心理健康情感分析划分为社交媒体心理健康文本情感分类和社交媒体用户负性情感主题识别两个部分。本小节主要是对心理健康情感分析方法体系进行介绍。

（一）基于 CNN-SVM 模型的社交媒体文本情感分类方法

在对社交媒体文本进行情感分类的过程中，最为关键的两个任务是：特征工程的构建、合适的机器学习模型选择。对于前一个任务，一般从统计学的角度或者运用词汇匹配技术（构建情感词典）来进行。这两个方法具有操作简单、逻辑结构单一的优点，但是仅仅从字符或者词汇的表层信息来着手，当遇到一词多义或者一义多词现象时，这些方法的错误率将会显著上升。同时，其对于人工的依赖性较大。但是最不容忽视的缺陷是，无法将目标单元的语义信息考虑进来。在实际的操作中，这个问题将会直接影响分析的准确性，造成极大的误差。对于后一个任务而言，机器学习模型选择的合适与否直接影响到计算的复杂度和分类的效果。

随着计算机技术的快速发展，机器学习模型的开发深度也越来越复杂。从层次结构上可以将机器学习模型分为两大类：一类是传统的浅层学习模型，另一类为目前的研究热点——深度学习模型。第一类传统的浅层学习模型，在以往的数据分析任务中发挥了重要的作用，但是不可否认的是，其也存在许多问题。其中，最大的缺陷是对人工的要求比较高，需要大量的手工标注数据以及具有专业经验人员设计的特征工程，来实现对模型的训练和调优，且其中涉及的机器算法较为复杂，运行起来效率较低。最为关键的是其对数据的表征能力较为浅显，不能挖掘到数据的深层语义信息。例如：基于传统的文本特征表示方法 SVM 很难提供有效的语义特征。

针对传统的浅层机器学习模型出现的问题和存在的缺陷，目前许多研究机构及学者已经开始将研究方向转向深度学习模型的构建和应用。对于深度学习在图片识别以及语言处理方面的突出表现，专家学者开始将其引入文本处理领域。深度学习模型对数据样本中深层语义知识具有强大表征能力，现在已经成为自然语言处理领域的主要研究方向。尤其在情感分析领域，深度学习算法能够将数据的深层语义特征进行自动学习和提取，对于情感分析的准确性和深度都有进一步的提高和加强。

深度学习模型由于具有多层网络结构，可以对文本进行多角度、多层次的特征学习和抽取。利用学习到的深层抽象特征对模型进行训练要比传统文本特征表示方法表现得更好。深度学习中的 word embedding 技术能够很好地体现词语的语法和语义关系，并且还可以依据语义合成原理有效地对句子特征进行向量表示。经研究表明，深度学习模型比传统的浅层学习模型在情感分析任务上，能够更好地解决深层语义特征提取问题以及降低函数计算复杂度问题，在文本分类上已经取得了显著的效果。

同时，也有大量学者关注微博语句的情感分析，目前表现效果良好的是使用 CNN 和 RNN 的方法，主要是通过融合字和词的特征来扩展特征。不断有研究者尝试对卷积神经网络进行模型优化和扩展。L. Dong 等通过对基本 CNN 模型中的池化层增加 Semantic Synthesis 函数，使递归神经张量网络具有自适应能力，可以根据区域节点的变化自动挑选最为合适的复杂函数进行学习，经过训练后的模型在情感分类任务上有良好的表现[1]。N. Kalchbrenner 等将句子结构向量添入深度卷积神经网络 DCNN 卷积层中，通过对目标语句结构特征的合成，增强了深度学习模型在情感语义上的表征能力，使分类性能得到提升[2]。C. N. Santos 和 M. Gatti 从字符角度对英文微博文本进行处理，构建了一个字符卷积神经网络模型 CharSCNN，在模型结构中通过添加一个字符向量表示层，将字符特征与其他文本特征进行融合，增强了模型对非常规词汇的表征能力[3]。

对于中文微博文本，非结构化、口语化现象突出，句法结构缺失严重，采用传统的浅层机器学习方法，在特征选择和提取方面较为困难以及效果不佳。深度学习模型 CNN 由于擅长提取局部特征而更适合处理分类类型的任务，特别是在情感分类任务上，由于情感的表达通常是由一些关键词来决定，CNN 模型能够完成关键特征的抽取，从而具有学习局部语义特征的能力。因而 CNN 模型成为情感分析的首选深度学习模型。

（二）基于 Singlepass-LDA 模型的心理健康情感主题识别方法

心理健康情感主题识别的过程本质就是话题的聚类过程，文本主题挖掘算法可分为：基于聚类的主题挖掘算法、基于线性代数算法、基于概率

---

[1] Dong L, Wei F, Zhou M, et al. Adaptive Multi-Compositionality for Recursive Neural Models with Applications to Sentiment Analysis [C] //AAAI. 2014：1537-1543.
[2] Kalchbrenner N, Grefenstette E, Blunsom P, A Convolutional Neural Network for Modelling sentences [J], arXiv preprint arXiv：1404.2188, 2014.
[3] Santos C N, Gatti M, Deep Convolutional Neural Networks for Sentiment Analysis of Short Texts [C] //COLING. 2014：69-78.

模型算法、基于主题模型算法。

在对主题聚类研究中，增量聚类算法 Single-Pass，由于其简单直观、易于理解的显著优点，该算法常被使用在主题聚类任务中。B. Huang 等人对经典 Single-Pass 单遍聚类算法进行改进，使得该算法能够在一定程度上提高主题识别对噪声数据的抵抗能力[1]。叶施仁等在经典 Single-Pass 聚类算法的基础上，依据中心向量的特征权重筛选出比较有代表意义的主题词，在使用改进的 Single-Pass 算法对微博话题进行检测之前，先对文中的孤立点进行预处理，从而使得出的话题更加准确[2]。周刚等人针对微博文本字数有限、内容比较简短的特点提出了 MB-Single Pass 算法，该算法考虑了微博结构化信息，将微博信息的评论转发关系以及微博用户与用户之间的关注关系等都融合到微博结构化信息中[3]。方星星等人考虑到经典 Single-Pass 算法在选择聚类中心时随机性太强可能会影响聚类效果的缺点，提出了对聚类中心不断进行优化的改进方案，以此来提高聚类效果的精确性。同时又考虑到经典 Single-Pass 算法中聚类中心不是独一无二的，这可能会使得时间复杂度提高，针对这一缺陷，方星星等人对聚类中心进行权重设置，其目的是使聚类中心具有唯一性[4]。

作为最成熟以及使用率最高的主题模型，LDA 在以往的主题识别任务中表现突出。LDA 是文档、主题和词汇三层对应概率选择的多项式分布模型，其运行结果的描述原理为通过对"主题-单词"分布概率的计算，将结果中前 n 个单词作为该分布的主题表示。对于中文微博，由于其文本较为短小，并且文本噪声特别多，语言非结构化以及口语化问题较为突出。因此，直接套用传统的主题模型，一方面无法与社交文本语言特点和文本结构形式相贴合，另一方面对于主题的表征能力也不够充分。所以，在对社交媒

---

[1] Huang B, Yang Y, Mahmood A, et al. Microblog Topic Detection Based on LDA Model and Single-Pass Clustering [C] // International Conference on Rough Sets and Current Trends in Computing. Springer Berlin Heidelberg, 2012: 166-171.
[2] 叶施仁、杨英、杨长春等：《孤立点预处理和 Single-Pass 聚类结合的微博话题检测方法》，《计算机应用研究》2016 年第 8 期，第 2294~2297 页。
[3] 周刚、邹鸿程、熊小兵等：《MB-Single Pass：基于组合相似度的微博话题检测》，《计算机科学》2012 年第 10 期，第 198~202 页。
[4] 方星星、吕永强：《基于改进的 Single-Pass 网络舆情话题发现研究》，《计算机与数字工程》2014 年第 7 期，第 1233~1237 页。

体文本进行主题识别任务时，需要结合社交媒体短文本的特点，对传统主题模型进行改进和完善。

从对相关文献的梳理结果可以看到，针对传统主题模型的改进主要从模型本身性能和主题结果表征能力两个方面来进行。G. Heinrich 在其研究中将分层处理思想引入主题模型，经过层次化处理的 LDA 模型可以实现隐含主题的提取，这一观点的提出对 HTM 模型的构建具有重要意义[1]。K. W. Lim 等针对 Twitter 数据特点，将社交媒体附加信息加入主题模型建模中，提出一种 Twitter-Network（TN）主题模型。实验结果显示，TN 主题模型在灵活性上显著优于几个现有的非参数模型。此外，TN 主题模型能够提供更多的信息推论，例如作者的兴趣、自动主题标签以及作者推荐[2]。

值得注意的是，微博文本话题具有语言类别庞杂、网络语言更新速度快的特点，因此，事先无法预知可形成的类别。单遍聚类方法 Single-Pass 与 k-means、SOM、FCM 等聚类方法典型不同的是，上述这几种方法在聚类之前需要对类簇的数量进行预判，而 Single-Pass 则可以通过随机选择一个源文本，然后以该源文本为对比样本进行文本相似性计算，将增量数据进行有序聚类，最终自动形成若干类簇。但是，这种聚类方法也存在一个不容忽视的缺点，由于在聚类算法中聚类结果的形成严重依赖于文本的输入顺序，因此会造成较高的错误率。同时，这种方法属于粗粒度的主题识别方式，很难发现簇中潜在的主题。

在对微博主题进行研究的过程中发现，主题模型 LDA 作为文档、主题和词汇三层对应选择概率多项式分布模型，具有灵活性和可扩展性的优点。一方面，其通过对语义关联的挖掘，有利于对文档或者语料库中的隐含主题的识别；另一方面，其采用词袋的方法对主题与词汇之间的概率进行预测，有利于实现对数据特征向量的降维处理和稀疏性问题的解决。但是，在实际运用过程中发现 LDA 模型需要花费大量的时间，单纯地使用 LDA 模型进行主题识别效果并不是特别理想。

---

[1] Heinrich G, "Infinite LDA" —Implementing the HDP with Minimum Code Complexity [J], Technical Note, 2012.

[2] Lim K W, Chen C, Buntine W. Twitter-Network Topic Model: A Full Bayesian Treatment for Social Network and Text Modeling [C] // NIPS 2013 Workshop: Topics Model: Computation, Application, and Evaluation. 2013: 4-4.

因此，本研究在结合 Single-Pass 和 LDA 优缺点的基础上，构建一个层次主题识别模型 Singlepass-LDA。首先，使用 Single-Pass 对微博文本进行主题的首层识别，形成粗粒度的文本聚类；其次，在完成微博文本的第一层聚类的基础上，利用 LDA 对每个主题下的文本集进行更深层次的识别，以发现簇中潜在主题，实现细粒度的主题识别。

二 社交媒体用户心理健康情感分析方法框架

通过以上分析，本书在处理社交媒体用户心理健康情感分类时，采用深度学习与浅层学习相结合的分类方法；在处理心理健康情感主题识别问题时，采用结合聚类以及主题模型的方法来进行。对社交媒体用户心理健康情感分析主要是建立在对社交媒体用户情感表达语言特点之上的，在结合情感分析内容和任务的基础上，本书构建了社交媒体用户心理健康情感分析框架（见图3-4）。

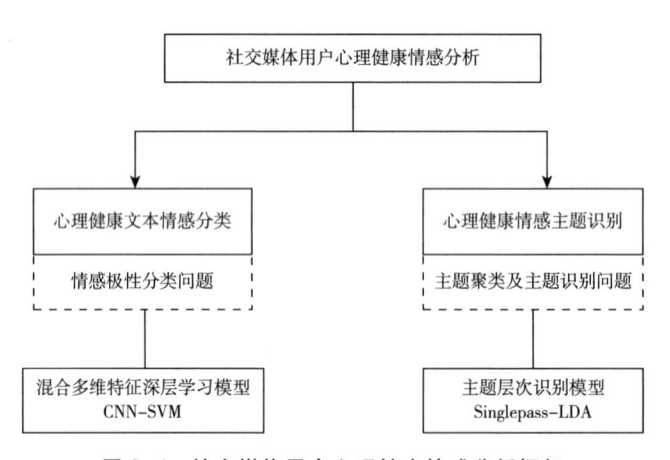

图 3-4 社交媒体用户心理健康情感分析框架

第三节 本章小结

本章首先对社交媒体用户情感表达的语言特点进行了分析，运用信息科学方法，从词语类别、语义类别、语言风格等方面分析心理异常人群与心理正常人群语言特征的差异性。在分析了社交媒体用户情感表达语言特点的基础上，本书提出了社交媒体用户心理健康情感分析框架。对于心理健康情感分类问题，主要从特征优化的角度对机器学习的方法以及深度学习的方法进行了总结和发现。在自然语言处理上，CNN 由于擅长提取局部特征而更适合处理分类类型的任务，特别是在情感分类任务上，由于情感的表达通常是由一些关键词来决定，CNN 模型能够完成关键特征的抽取，从而具有学习局部语义特征的能力。但是对于线性不可分数据，其分类能力表现却不尽如人意。针对这一缺陷，本书将 CNN 情感分类模型中的全连接层的分类器以 SVM 进行取代。SVM 在处理非线性可分数据时表现出突出的性能。考虑到两者的优缺点，同时，在结合用户心理健康情感表达特点以及社交网络关系特点的基础上，构建了 CNN-SVM 模型，用于社交媒体心理健康文本情感分类。

对于心理健康情感主题识别任务，结合微博短小、流动性大以及心理健康文本领域性较强的特点，分析了以 Single-Pass 为代表的增量聚类方法，对微博、博客、评论等不断更新变化的流式数据，通过计算文本相似性，将增量数据进行有序聚类。这种方法最大的优点就是在聚类之前不需要设定类簇的数量。而主题模型 LDA 作为文档、主题和词汇三层对应选择概率多项式分布模型，具有灵活性和可扩展性的优点。因此，本书还构建了一个层次主题识别模型 Singlepass-LDA 以用于社交媒体心理健康情感主题识别。

第四章　基于 CNN-SVM 模型的社交媒体文本情感分类

社交媒体为心理异常人群以及关注心理健康用户提供了一个理想的平台，由于心理健康疾病污名化以及心理疾病表征，许多用户选择躲避现实而在社交媒体平台上更真实地表露自己的情感。与此同时，通过社交网络与其他患者以及相关人员进行情感交流，获得彼此的理解与支持，以寻求归属感。由此，心理异常用户之间会生成大量的包含用户的观点、情感和态度的主观性文本信息。针对这些反映用户主观态度的情感倾向性文本，需要构建一套有效的情感分析方法来识别心理异常用户的情感表达方式和特点。心理状态的改变会直接通过情绪的变化来表现。在心理健康问题的临床诊断中，对来访者心理健康状况进行评估的一个非常重要的指标是，是否具有持续性的负性情绪。根据负性情绪的强度以及存在症状的时间可以对受访者的心理健康状态进行初步的识别和判断。因此，负性情绪的识别是心理健康研究的首要任务和关键步骤。

第一节　问题描述

在心理健康研究过程中发现，患者的情感表达有外显和内隐两种方式，即通常所说的显式主题和隐式主题。外显的情感表达多含有负性情感词、负性心理敏感词以及心理疾病相关术语，而内隐的表达会以客观文本形式出现，通常需要结合上下文语境进行判断，例如："看到这条定时微博就知道我怎么了吧？有谁知道我的信息就帮我报警吧。"从文本统计的角度分析这条微博的情感极性为中性，但是在实际语境中这是一条遗言，所以在对用户心理健康情感分析时不仅需要从文本特征的角度考虑深层词义信息，还需要从社交网络关系特征来对上下文语境进行扩展。

通过相关文献整理发现，虽然深度学习在短文本处理上已经取得了不错的表现，但是其相当一部分工作是对英文微博句子进行建模。由于中文语言的丰富性和特殊性，尤其是中文微博平台最初对微博文本有140个字符的限制要求，微博用户发布的文本大多数为短文本，更有甚者使用一个或几个词语来传递情感信息，这就造成了微博文本句法结构的严重缺失，难以从中提出深层语义和情感特征内容，使特征稀疏问题比较突出，深度学习模型不能够充分地发挥其表征的能力。而支持向量机是一种有监督的机器学习模型，能够将数据特征向量表示在特征空间中。支持向量机最突出的性能就是利用核函数将低维空间中的线性不可分数据映射到高维空间中，从而实现线性可分数据的转换。

结合网络心理健康研究具有标注数据少、获取成本较高，无标注数据的获取成本较低、数据量较为充裕的大背景，针对中文微博情感分类中存在的问题，以及根据社交媒体用户发布心理健康文本的特点，本文主要从优化特征提取的角度提出了一种融合社交关系特征的CNN-SVM深度学习模型。相比传统的特征提取方法，本文在提取微博文本特征的时候，引入社交网络关系作为微博的扩展特征，主要包括博文发布用户和评论用户社交关系以及文本相似度。同时，在特征选择上，CNN自身学习深层非线性的网络结构，能够实现逼近任意复杂函数。深度学习具备强大的特征学习能力，可以从少量样本数据集中抓到本质特征，能够更好地完成社交媒体用户情感分类任务。

第二节　多维特征组合的CNN-SVM深度学习模型的构建

一　卷积神经网络（CNN）

卷积神经网络（Convolutional Neural Networks，CNN），主要用于处理网格数据结构之间较为相似的数据。20世纪60年代，有学者通过对猫的大脑进行研究，发现部分神经元具有独特的网络结构，而这样的结构对于降低反馈神经的复杂性具有重要意义，卷积神经网络即是在此基础上提出的。卷积神经网络的结构一般分为两层，特征提取层和特征映射层。在特征提取层中,从前一层的局部接受域提取局部特征,确定与其他特征间的位置关系,形成本层神经元的输入;在特征映射层,每个特征映射形成一个平面,在每个平面上,神经元的权值相等,多个特征映射构成网络的计算层。特征映射通过卷积网络的激活函数来实现,为了映射特征的位移不变,将 sigmoid 作为激活函数。另外,因为每个映射平面上的神经元权值相等,网络自由参数的个数较少。为了减小特征提取中的特征分辨率,卷积神经网络在卷积层后增加计算层,计算层主要通过局部平均和二次特征提取来实现特征分辨率的减小。

标准的 CNN 通常由输入层、卷积层、激活函数、池化层、全连接层以及输出层 6 个部分组成。即 INPUT-> { [CONV->RELU] ×N->POOL?} × M-> [FC->RELU] ×K->FC->OUTPUT。INPUT:输入层,CONV:卷积层,RELU:激活函数,POOL:池化层,FC:全连接层。其中 $0 \leqslant N \leqslant 3$,$M \geqslant 0$,$0 \leqslant K \leqslant 3$。卷积神经网络结构如图 4-1 所示。

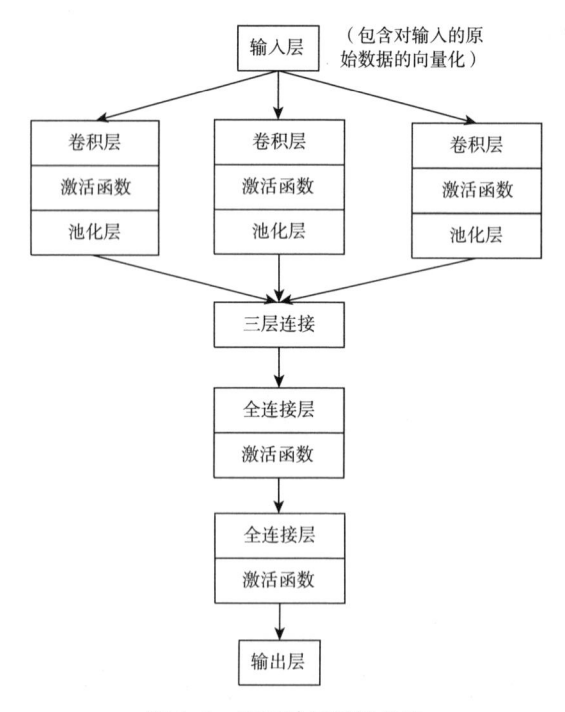

图 4-1 卷积神经网络结构

在 CNN 结构中，卷积层和池化层的排列必须按照一定的规则进行，即卷积层和池化层以匹配对的形式出现，一个卷积层对应一个池化层，并且先卷积后池化。同时，一个 CNN 模型可以包含多个卷积层和池化层。包含多个卷积层和池化层的卷积神经网络被称为"深度卷积神经网络"，通常被运用于大型数据的处理。CNN 一般采用的是反向传播训练。

（一）输入层

CNN 在图片处理方面取得了很大的成功，图片一般是由像素点构成的二维矩阵。鉴于此，将 CNN 运用到文本处理时，需要将文本也转换成二维矩阵，即将文本通过词序列和词向量的方式进行嵌套表示，并输入模型中。在对语言模型进行训练时，将文本转化成一个 N 维向量来对每个字词进行表示。这种用词向量技术表示的文本特征更为抽象和全面。根据词与词之间的交互信息、词与词之间的位置信息以及语义特征信息，可以获取文本深层语义信息。目前，使用广泛并且实际效果良好的词向量模型为 GloVe 和 word2vec。词向量模型 GloVe 是 Pennington J 等[①]在对词共现矩阵的基础上提出的；word2vec 是由 Mikolov T 等[②]针对连续的词袋模型 CBOW 和连续的计算语言模型 Skip-gram 的优缺点进行改进而提出的词向量表示模型。在训练速度上，CloVe 模型表现得更优，且并行计算能力较强；对于词向量的训练性能上，word2vec 模型表现得更好。

1. GloVe 词向量模型

GloVe 是一种基于词共现矩阵的词向量模型，主要通过共现计数矩阵 C（词×上下文）来实现降维以完成模型训练，其原理是计算每个词语及其上下文共同出现的次数。上下文一般从不同的语料库中可以获取，随着语料库数量以及规模的扩大，矩阵 C 的规模也将越来越庞大。针对此种情况，可以拆分为词特征矩阵 U（词×特征）和上下文特征矩阵 V（上下文×特征）来进行表示，即 $C=UV^T$，通过转换为两个低维矩阵实现对矩阵 C 的降维处理。词特征矩阵 U 的每一行代表一个字或者词。

---

① Pennington J, Socher R, Manning C. Glove: Global Vectors for Word Representation [C] // Conference on Empirical Methods in Natural Language Processing. 2014: 1532-1543.
② Mikolov T, Yih W T, Zweig G, Linguistic Regularities in Continuous Space word Representations [J], In HLT-NAACL, 2013.

2. word2vec 词向量模型

word2vec 是由 Google 公司开发的一种预测类型的词向量模型，主要是建立在 CBOW 模型和 Skip-Gram 模型基础之上。其结构只有一层神经网络，通过 BP 反向传播降低损失函数的值来实现模型优化。Skip-Gram 和 CBOW 是结构完全相反的两个模型[①]，Skip-Gram 模型以目标词汇为源数据来预测上下文词汇，而 CBOW 模型以未知词汇的上下文语境推导出未知词汇本身[②③]。这两个模型的框架见图 4-2。其中，$w(t)$ 表示目标词，$w(t-2)$、$w(t-1)$ 和 $w(t+2)$、$w(t+1)$ 表示目标词的上下文词汇。这两个模型各有其优缺点，对于小型训练数据，尤其是使用频率较低的词汇和短语，Skip-Gram 模型有着较高的预测率。而对于高频词的预测，CBOW 模型表现得更为突出。

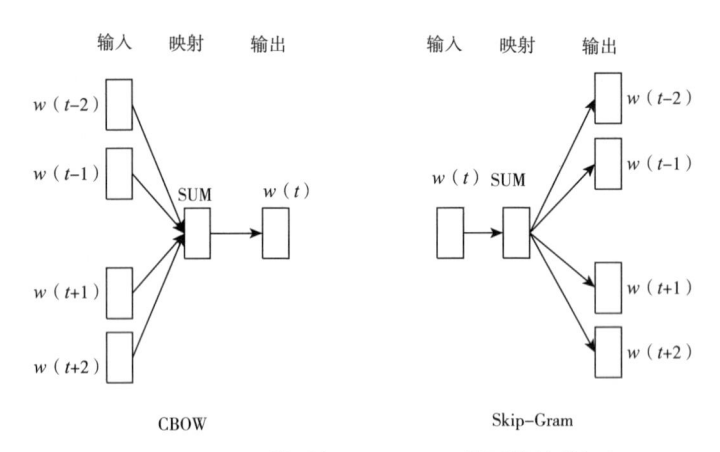

图 4-2 CBOW 模型与 Skip-Gram 模型的简单框架

（二）卷积层

对不同的数据窗口和滤波矩阵做内积操作就是卷积操作过程。卷积层

---

① Baroni M, Dinu G, Kruszewski G. Don't count, predict! A systematic comparison of context-counting vs. context-predicting semantic vectors [C] // Meeting of the Association for Computational Linguistics. 2014: 238-247.
② Pennington J, Socher R, Manning C. Glove: Global Vectors for Word Representation [C] // Conference on Empirical Methods in Natural Language Processing. 2014: 1532-1543.
③ Lebret R, Collobert R. Rehabilitation of Count-based Models for Word Vector Representations [J]. Lecture Notes in Computer Science, 2015, 9041: 417-429.

的目的是对特征进行提取。在神经网络中,每个神经元的输入与上一层的局部接受域是相连接的,通过提取该接受域的局部特征,即可确定特征与特征之间的位置关系。在卷积过程中,卷积是通过一个设有固定权值的卷积算子来操作的,根据数据维的大小,对输入的向量进行局部内积计算,滑动窗口按设定的步长进行平移操作,直至全部数据完成。其中,卷积算子的数量控制着输出数据的深度,移动步长的大小设定控制着滑动的步数。对于卷积到边缘数据不够滑动窗口进行操作时,需要以补 0 的方式来完成,通过补充 zero-padding 可以完整地对整个数据窗口进行卷积,并且可以默认设定每次卷积的起止位置,以使总长能被步长整除。一个典型的卷积过程可见图 4-3,其二维向量为 5×5,设定的滑动窗口大小为 3×3。

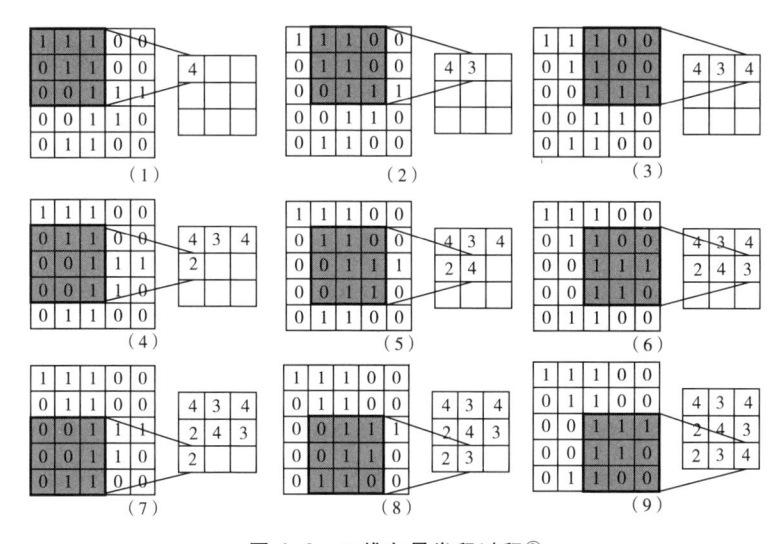

图 4-3 二维向量卷积过程①

(三) 激活函数

一般来讲,线性模型的表达能力不够,需要加入非线性因素,激活函数的作用也就在于将"激活的神经元的特征"通过函数把特征保留并映射出来,这是神经网络能解决非线性问题的关键。实数取值范围较大,为了

---

① http://deeplearning.stanford.edu/wiki/index.php/Feature_ extraction_ using_ convolution#Convolutions.

降低计算的复杂度和进行归一化处理,此时需要借助激活函数进行数值的压缩,最终将实数值控制在 0 到 1 的范围之内,用 $g(z)$ 来表示。当 $g(z)$ 无限趋近于 1 时,表示实数值为正值,并且数值很大;当 $g(z)$ 无限趋近于 0 时,表示实数值为负值,并且数值也很大。$g(z)$ 从 0 到 1 的变化的过程代表着激活状态由弱变强的过程。激活函数是非线性的、连续可微的、单调的[1];连续可微是梯度优化算法所必备的;单调能够保证一个单层模型是凸的误差表面[2]。常见的激活函数有 Sigmoid[3]、tanh[4]、ReLU[5][6] 等。

(四) 池化层

池化层的主要作用是通过压缩输入特征量,来降低网络计算的规模和复杂度,以达到提取关键特征的目的。池化层连接在卷积层之后,经过卷积层的初步特征提取,池化层对输入数据特征进行二次过滤。经过池化,一方面可以使矩阵按照固定的尺寸进行输出,尤其是在对文本进行分类和标注处理过程中,这一格式为基本要求;另一方面,在对矩阵进行降维处理的同时能够保证显著特征最大化。一般对池化过程的处理分为两种方式:平均池化(Mean Pooling)和最大池化(Max Pooling)。平均池化的原理是对特征向量区域进行平均化处理,最后计算出的值即为区域的代表值。而最大池化的原理是选择特征向量区域中的最大值作为区域的代表值。卷积层中的卷积过程与之类似,也采用滑动窗口进行操作。具体的平均池化和最大池化示例如图 4-4 所示。

---

[1] Chen T, Chen H. Universal Approximation to Nonlinear Operators by Neural Networks with Arbitrary Activation Functions and Its Application to Dynamical Systems [J]. IEEE Transactions on Neural Networks, 1995, 6 (4): 911-917.

[2] Wu H. Global Stability Analysis of A General Class of Discontinuous Neural Networks with Linear Growth Activation Functions [J]. Information Sciences: an International Journal, 2009, 179 (19): 3432-3441.

[3] Lecun Y, Bengio Y, Hinton G. Deep learning [J]. Nature, 2015, 521 (7553): 436-444.

[4] Glorot X, Bordes A, Bengio Y. Deep Sparse Rectifier Neural Networks [J]. Journal of Machine Learning Research, 2011, 15.

[5] Maas A L, Hannun A Y, Ng A Y. Rectifier Nonlinearities Improve Neural Network Acoustic Models [C] //Proc. ICML. 2013, 30 (1).

[6] He K, Zhang X, Ren S, et al. Delving Deep into Rectifiers: Surpassing Human-Level Performance on ImageNet Classification [J]. 2015: 1026-1034.

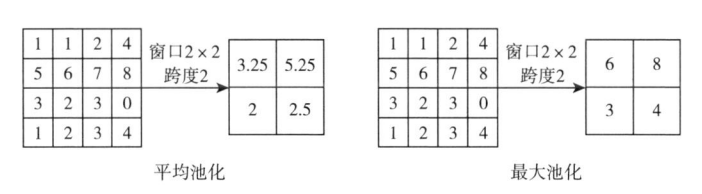

图 4-4　平均池化与最大池化示例①

（五）全连接层

全连接层的主要任务是对每层提取出的特征进行全部连接，并将输出值传送给分类器。一般来讲，神经元的输入与输出个数是不一致的，输入及输出的神经元通常由卷积核即 W 权重进行连接。在大部分的 CNN 网络结构中，卷积层中的参数量较小，但是计算量较大；而全连接层正好与其相反，由于涉及模型的优化，需要进行参数调优以及权值剪裁，参数量一般较大。因此，涉及计算速度的优化时，主要针对卷积层；而对参数进行优化时，主要针对全连接层。

（六）输出层

与浅层神经网络相同，在模型的输出层，CNN 也会根据不同的任务类型选择不同的映射函数。一般分类问题会选择分类函数（Softmax），回归问题会选择线性激活函数（Linear）。

（1）Softmax。当输出的目标类别为多分类问题时，通常会选择 Softmax 来完成分类任务。Softmax 是一种概率函数，它能够将多个神经元的输出映射到（0，1）这一区间内，而这些值的累和为 1，满足概率的性质。最终在选取输出结点的时候，将概率值对应最大的结点作为预测类别目标结果。概率值的计算通过规范方程进行，方程如下：

$$\sigma_j = P(y=j/x) = \frac{e^{x^T w_j}}{\sum_k^K e^{x^T w_k}} \qquad (4.1)$$

公式中，$j \in \{0, 1, \cdots, K\}$，$K$ 为目标类别的个数，x 为给定观测值，

---

①　http：//cs231n.github.io/convolutional-networks/#pool.

w_j 为给定的权值，$P(y=j/x)$ 表示在 K 种类别中正确分类为 j 类别的概率。

（2）Linear。Linear 仅仅是对输入的特征进行简单的线性回归训练。对于输入的特征 $x_i \in X$，权重 $w_i \in W$，其中 $i \in \{1, \cdots, n\}$，Linear 的输出结果为：

$$y = f(x) = X^T W = \sum_i^n w_i x_i \tag{4.2}$$

二 支持向量机 SVM

支持向量机（Support Vector Machine，SVM）作为机器学习方法的一种，主要是建立在统计学习理论基础之上的。在文本处理、情感分析等自然语言处理任务上表现突出，特别是在情感分类问题上的研究成果非常丰富[1][2][3][4][5][6][7]。随着深度学习方法在 NLP 领域的不断推进，有许多学者尝试将深度学习方法与原有机器学习的方法进行融合，也取得了不错的效果。Y. Kim 使用卷积神经网络（CNN）和长短期记忆网络（LSTM）对句子进行有语义的连续性向量表示，并利用 SVM 进行情感分类，准确率达到 82.3%[8]。K. Cho 等人通过构建一个双循环 RNN 模型来对给定源序列的目标

---

[1] Zimbra D, Ghiassi M, Lee S. Brand-related Twitter Sentiment Analysis using Feature Engineering and the Dynamic Architecture for Artificial Neural Networks [C] //System Sciences (HICSS), 2016 49th Hawaii International Conference on. IEEE, 2016: 1930-1938.

[2] Manek A S, Shenoy P D, Mohan M C, et al. Aspect Term Extraction for Sentiment Analysis in Large Movie Reviews Using Gini Index Feature Selection Method and SVM classifier [J]. World Wide Web, 2017, 20 (2): 135-154.

[3] Soleymani M, Garcia D, Jou B, et al. A Survey of Multimodal Sentiment Analysis [J]. Image and Vision Computing, 2017.

[4] Wehrmann J, Becker W, Cagnini H, et al. A Character-based Convolutional Neural Network for Language-agnostic Twitter Sentiment Analysis [C] //Neural Networks (IJCNN), 2017 International Joint Conference on. IEEE, 2017: 2384-2391.

[5] Ghiassi M, Zimbra D, Lee S. Targeted Twitter Sentiment Analysis for Brands Using Supervised Feature Engineering and the Dynamic Architecture for Artificial Neural Networks [J]. Journal of Management Information Systems, 2016, 33 (4): 1034-1058.

[6] Yang S W, Lee C. Sentiment Analysis Using Latent Structural SVM [J]. KIISE Transactions on Computing Practices, 2016, 22 (5): 240-245.

[7] Pannala N U, Nawarathna C P, Jayakody J T K, et al. Supervised Learning Based Approach to Aspect Based Sentiment Analysis [C] //Computer and Information Technology (CIT), 2016 IEEE International Conference on. IEEE, 2016: 662-666.

[8] Kim Y. Convolutional Neural Networks for Sentence Classification [J]. ArXiv Preprint ArXiv: 1408.5882, 2014.

文本进行标注，采用编码及解码器联合训练实现条件概率最大化，最后将条件概率作为现有线性模型 SVM 中的附加特征。实验表明，模型在语义和语法的学习表示上性能良好[1]。本章节将对 SVM 的相关原理进行介绍。

（一）SVM 的理论体系

支持向量机的提出有着完备的理论支撑，而这些理论的提出也是一个不断完善的过程[2][3]。

1. VC 维（Vapnik-Chervonenkis Dimension）理论

在统计学习理论中，VC 维的提出具有非常重要的意义。评判学习机器性能的优劣以及函数集描述能力，需要有一个通用的评估指标来进行。VC 维理论的提出解决了这个问题，它通过对一致性子指标、收敛速度子指标、推广性子指标的界定，构成一个较为完整的评价体系，能够对学习机器和计算函数的性能和复杂性进行评估。VC 维理论的数学定义：在一个假设空间 H 中，对于存在的数据样本 m，可以被假设空间 H 中的函数以 2^h 种形式按照最大可能分开，则称空间 H 能够将数据样本 m 打散（Shatter），而 VC 维即为空间 H 中能够被打散的最大样本数目，可以用公式 4.3 表示为：

$$VC(H) = \max\{m = \prod(m) = 2^m\} \qquad (4.3)$$

其中，$\prod(m)$ 为数据集大小为 m 时假设空间的增长函数。如果对于任意数目的数据样本都有函数将其打散，则可以判定此假设空间的 VC 维为无穷大。但是在实际操作中，一般都会希望增长函数越小越好。因为，这样一来样本空间的操作就会相对简单。值得注意的是，随着数据集 m 规模的不断增大，会出现一个使假设空间 H 无法打散的点，对应的增长函数也将从这个点开始速度变缓，这个点就被界定为 break point，它是第一个不满足打散条件的 m 值。由此可以看出，假设空间 H 的 VC 维即为最大的非 break point 值，也就是 break point-1 值。

---

[1] Cho K, Van Merriënboer B, Gulcehre C, et al. Learning Phrase Representations Using RNN Encoder-decoder for Statistical Machine Translation [J]. ArXiv Preprint ArXiv：1406.1078, 2014.

[2] Cortes C, Vapnik V. Support Vector Machine [J]. Machine Learning, 1995, 20 (3)：273-297.

[3] Vapnik V. The Nature of Statistical Learning Theory [M]. Springer-Verlag, 1995.

2. 结构风险最小化原理

统计学习理论从一致性条件的角度，对学习风险的收敛速度和学习风险的上界进行了研究。研究中用推广性的界这个概念来定义经验风险和实际风险存在的数学关系。由于在现实机器学习的过程中，对于训练样本的先验知识和假设条件的设定都存在一定的偏差，对经验风险和实际风险之间关系的明确有利于提升模型的性能，这一研究结论的提出对机器学习算法的优化起到非常关键的作用。对于机器学习中的分类问题，经验风险 $R_{emp}(\omega)$ 和实际风险 $R(\omega)$ 之间至少以 $1-\eta$ 的概率满足如下的关系：

$$R(\omega) \leq R_{emp}(\omega) + \sqrt{\frac{h[\log(2l/h) + 1 - \log(4\eta)]}{l}} \qquad (4.4)$$

在公式 4.4 中，h 为假设空间的 VC 维，l 为数据样本，$R_{emp}(\omega)$ 右边相加部分为置信区间。这个理论首次通过数学原理阐述了实际风险的构成，是对以往实际风险的有效补充，将训练样本的经验风险和置信区间两部分同时考虑到风险控制当中，从理论上验证了实际风险不仅与经验风险相关，还与假设空间的 VC 维以及数据样本 l 有关。结构风险最小化原则如图 4-5 所示。

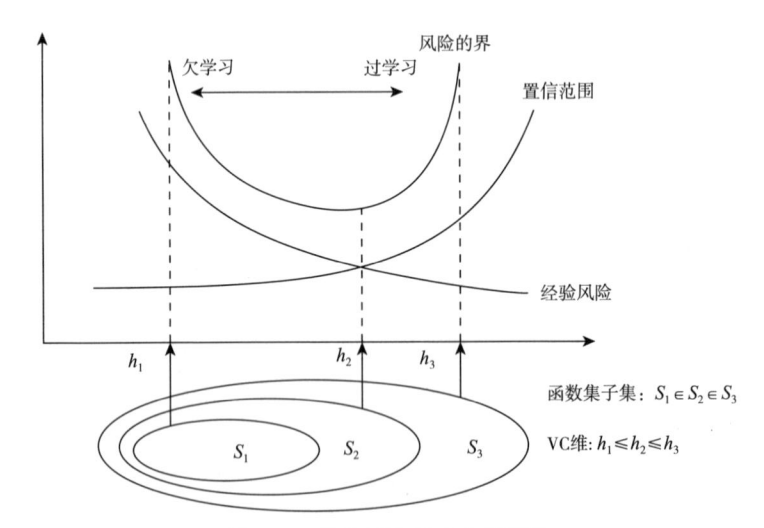

图 4-5 结构风险最小化原则[1]

---

[1] 〔美〕瓦普尼克：《统计学习理论的本质》，张学工译，清华大学出版社，2000。

SRM 准则的原理是,在确保经验风险能够达到最小的基础上,使假设空间的 VC 维也达到最小值,即将整个实际风险都控制在置信区间范围之内。简言之,就是同时将经验风险和 VC 维考虑在内,在实现这两个值最小的同时达到降低期望风险的目的,并且在推广性上有良好的性能表现。对于这一目标任务,可以将整个数据集进行拆分,以 VC 维的值作为标准,按照从大到小的序列进行排序。在此基础上,对每一个数据子集的最小经验风险进行筛选,并从整体上综合考虑经验风险和置信区间来制定折中方案,最终达到实现实际风险最小化的目的。

(二) SVM 的分类原理

SVM 最早源于模式二分类问题,其思想包含 3 个核心问题:求最优分类面、解决线性不可分问题、非线性最优超平面问题[①]。SVM 的数学思想是对线性不可分的低维向量进行高维特征空间映射处理,这个过程需要选定一种具有可以实现由非线性向线性转换的核函数,通过这个核函数来将线性不可分向量转换成线性可分向量,最终在映射后的特征空间中实现对最优超平面的构造。

1. 最优超平面

对于样本集 (x_i, y_i), $i=1, 2, \cdots, n$; $x_i \in R^n$; $y_i \in \{-1, 1\}$,构造分类面:$WX+b=0$,可以在确保两类之间距离最大的同时将两类样本正确分开。W, X 为 n 维向量,其线性判别函数为:$g(x) = WX+b$,以相同倍数缩放 W, b 并进行归一化处理,最终当样本达到条件 $|g(x)|=1$ 时,表示该样本为支持向量。当两类中所有样本都满足 $|g(x)| \geq 1$ 时,则样本间的分类间隔为 $2/\|W\|$。具体步骤可以用下列数学公式表示:

$$y_i(w^T x_i + b) - 1 \geq 0, i=1,2,\cdots,n \quad (4.5)$$

$$\Phi(w) = \frac{1}{2}\|w\|^2 = \frac{1}{2}w^T w \quad (4.6)$$

将 SVM 转化通过数学思想表达就是在满足公式 4.5 的条件下,求解公

---

① Joachims T. Text Categorization with Support Vector Machines: Learning with Many Relevant Features [J]. Machine Learning: ECML-98, 1998: 137-142.

式 4.6 的最小值。求解的思路为首先定义一个 lagrange 函数 4.7，公式中 lagrange 系数为 a_i，其值 ≥ 0，然后可以通过 w 和 b 求 a_i 的最小值。

$$L(w,b,a) = \frac{1}{2}w^T w - \sum_{i=1}^{n} a_i [y_i(w^T x_i + b) - 1] \qquad (4.7)$$

分别对公式 4.7 中 w，b 和 a_i 求偏分，当每个偏分值为 0 时，可以得到：

$$\begin{cases} \frac{\partial L}{\partial w} = 0 \Rightarrow w = \sum_{i=1}^{n} a_i y_i x_i \\ \frac{\partial L}{\partial b} = 0 \Rightarrow \sum_{i=1}^{n} a_i y_i = 0 \\ \frac{\partial L}{\partial a_i} = 0 \Rightarrow a_i [y_i(w^T x_i + b) - 1] = 0 \end{cases} \qquad (4.8)$$

为了求出最优分类函数，可以转化成凸二次规划的对偶问题。具体操作步骤就是将公式 4.5 加入公式 4.8 中，变换成一个不等式约束下二次函数机制问题，此时通过求解唯一最优解即可完成。可用数学公式 4.9 表示：

$$\max \sum_{i=1}^{n} a_i - \frac{1}{2} \sum_{i=1}^{n} \sum_{j=1}^{n} a_i a_j y_i y_j (x_i^T x_j), \text{s.t } a_i \geq 0, i = 1, 2, \cdots, n, \sum_{i=1}^{n} a_i y_i = 0$$
$$(4.9)$$

若 a_i^* 为最优解，则 $w^* = \sum_{i=1}^{n} a_i^* y_i x_i$，其中 a_i^* 的数值为非 0 的样本即为支持向量。因此，支持向量的线性组合就是最优分类面的权系数向量。当公式 4.5 的值等于 0 时可以求出 b^* 值，由此可以求得最优分类函数如公式 4.10：

$$f(x) = \text{sgn}[(w^*)^T x + b^*] = \text{sgn}\left(\sum_{i=1}^{n} a_i^* y_i x_i^* x + b^*\right) \qquad (4.10)$$

支持向量机对二维线性可分数据的分类示意见图 4-6。其中，两类样本数据用黑色和白色实心圆圈表示，H 为分类线，H_1、H_2 为两类样本的分类线，它们是根据每类中离 H 分类线最近的样本来确定的，这两条线经过每类的支持向量，并且与分类线保持水平方向。分类间隔（Margin）就是两样本分类线 H_1、H_2 之间的距离。支持向量就是那些离决策线距离最近的数据点，即 H_1、H_2 上的点 (x_i, y_i)，它们决定着决策面的最优位置。推广到高维空间，最优分类线就变为最优分类面。SVM 的分类依据就是最优分类面（Optimal Hyper Plane），它是由分类函数和支持向量来确定的，最优分类面不仅使 Margin 达到最大，还能够将两类样本进行 100% 的正确划分。

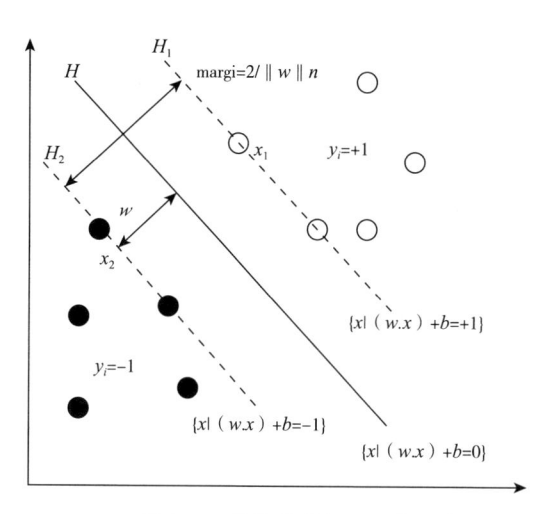

图 4-6　最优分类超平面[①]

2. 线性不可分

当不能用线性函数将训练样本集完全分开时，优化问题则没有可行解。针对于此，V. Vapnik 将软间隔概念引入以解决此类问题[②]。其原理为：当样本数目分类错误率达到最小时，构造一个最优分类面。两类样本分类线 H_1 和 H_2 内侧或者是外侧会出现未正确划分的样本，这些样本也对决策函数起到影响作用，因此也是支持向量。这样即使是在线性不可分的情况下也可以构造出最优分类面。但是，由于允许未正确划分的样本存在，需要引入松弛变量 $\xi_i \geqslant 0$ 以便在更大的可行域内求解。因此，公式 4.5 约束条件改为：

$$y_i(w \cdot x_i + b) \geqslant 1 - \xi_i, \xi \geqslant 0 \quad i = 1, 2, \cdots, m \tag{4.11}$$

此时的惩罚因子为常数 C，是由原目标函数转化而来的，这样就可以对

---

① Hearst M A. Support Vector Machines [J]. IEEE Intelligent Systems & Their Applications，2002，13（4）：18-28.
② Vapnik V. The Nature of Statistical Learning Theory [M]. Springer-Verlag，1995.

Margin 和未正确分类的样本起到调和的作用：

$$\min \frac{1}{2}(w.w) + C\sum_{i=1}^{l}\xi_i \tag{4.12}$$

其凸二次规划的对偶问题也变换为：

$$\max \sum_{i=1}^{l}a_i - \frac{1}{2}\sum_{i,j=1}^{l}a_ia_jy_iy_jx_ix_j, \text{s.t} \quad 0 \leq a_i \leq C, i=1,2,\cdots,n, \sum_{i=1}^{l}a_iy_i = 0 \tag{4.13}$$

最终的最优分类函数表示如下：

$$f(x) = \text{sgn}\left(\sum_{i=1}^{l}a_iy_ix_i.x_j + b\right) \tag{4.14}$$

3. 核函数

在现实的计算中，许多原始输入并不是线性平面，如果用线性判别函数来进行分类是无法操作的，也就是说其最优分类面是无法构造出来的。这时，需要将低维的原始空间通过非线性映射 $\varphi(x_i)$ 转换到高维空间，这样就可以实现非线性样本向线性可分样本的转换。其原理如图 4-7 所示。

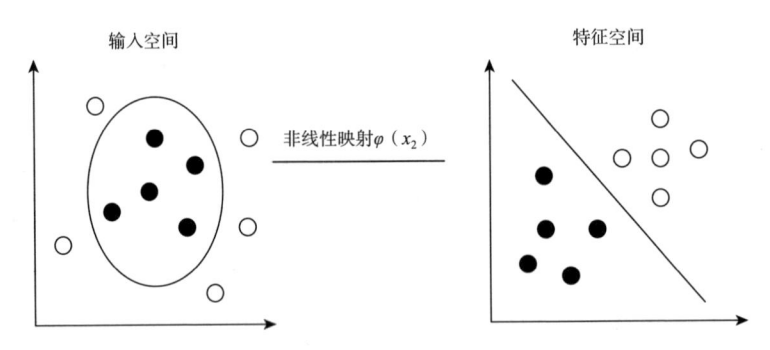

图 4-7 非线性变换[1]

---

[1] Chang C C, Lin C J. LIBSVM: A Library for Support Vector Machines [J]. Acm Transactions on Intelligent Systems & Technology, 2011, 2 (3): 1-27.

从图 4-7 可以看到，原线性内积 $x_i \cdot x_j$ 变换成 $\varphi(x_i) \cdot \varphi(x_j)$，而这种非线性映射内积 $\varphi(x_i) \cdot \varphi(x_j)$ 可以用核函数 $k(x_i, x_j)$ 代替，这种非线性变换实质上是通过适当的核函数将原特征空间变换到了一种新的特征空间，此时优化函数变为公式 4.15：

$$Q(a) = \sum_{i=1}^{n} a_i - \frac{1}{2} \sum_{i=1}^{n} \sum_{j=1}^{n} a_i a_j y_i y_j K(x_i, x_j) \tag{4.15}$$

最终的最优分类函数如下：

$$f(x) = \mathrm{sgn}[(w^*)^T \varphi(x) + b^*] = \mathrm{sgn}\left[\sum_{i=1}^{n} a_i^* y_i K(x_i, x) + b^*\right] \tag{4.16}$$

公式 4.16 中，x_i 为支持向量，x 为未知向量，在实际的运算中这两个向量通常以核函数的内积形式存在，通常模型在分类识别过程中运算效率受支持向量数量的影响。图 4-8 为 SVM 的高维分类模型。

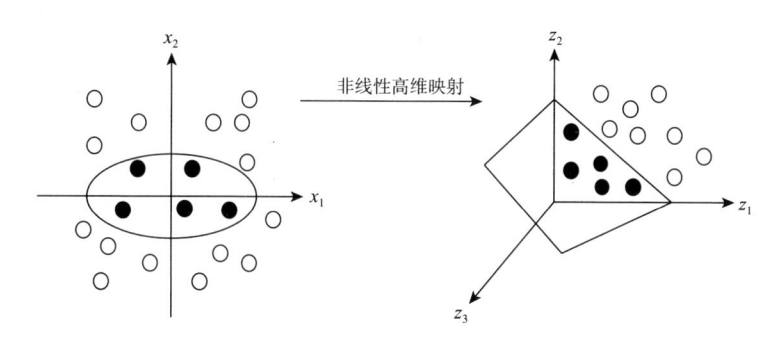

图 4-8　SVM 高维分类模型[①]

在将低维非线性原始空间向高维特征空间转换的过程中，核函数发挥了至关重要的作用，一方面使 SVM 能够将最优分类面继续应用于非线性样本空间，另一方面还起到降维的作用。核函数以支持向量和未知向量的线性组合形式存在，通过内积运算降低了整个过程的复杂性，并且解决了非线性样本的分类问题。一般经常使用的核函数有：

---

① Chang C C, Lin C J. LIBSVM: A Library for Support Vector Machines [J]. Acm Transactions on Intelligent Systems & Technology, 2011, 2 (3): 1-27.

$$线性核函数: k(x,y) = x^t \cdot y \quad (4.17)$$

$$多项式核函数: k(x,y) = [x \cdot y + 1]^d \quad (4.18)$$

$$径向基核函数: k(x,y) = \exp\{-\gamma \parallel x-y \parallel^2\} \quad (4.19)$$

$$Sigmoid 核函数: k(x,y) = \tanh(\gamma x \cdot y - \theta) \quad (4.20)$$

对比这几种核函数，各有其优缺点。在运算速度上，线性核函数表现最为突出；在计算复杂度上，线性核函数的复杂度也最低，而多项式函数的后期调整参数过程最为复杂；在约束条件下，多项式核函数的约束条件最少；从综合指标上来看，径向基核函数的表现最为稳定和良好，但不可否定的是其泛化能力较差。而来源于神经网络的 Sigmoid 核函数，由于是 S 形的，被用作"激活函数"，目前在深度学习中得到广泛的使用。核函数的选取，还没有较为统一的理论指导，从实际应用中来看，径向基核函数比较通用且表现效果较好。

三　CNN-SVM 模型框架

CNN 在自然语言处理领域比较擅长分类问题，虽然它能够对文本的关键信息的特征表示进行有效的提取，但是对于线性不可分数据，其分类能力表现却不尽如人意。针对这一缺陷，本书将 CNN 情感分类模型中的全连接层的分类器以 SVM 进行取代。同时，在结合用户心理健康情感表达特点以及社交网络关系特点的基础上，将深度学习和浅层学习特征进行结合，构建了一个多维特征的深度学习情感分类模型。该模型将 CNN 作为一个自动的深层语义特征学习器，同时结合词性特征、情感特征、句式特征以及社交网络关系特征，输入 SVM 中，将 SVM 作为一个情感分类器进行情感极性的分类。在构建的多维特征深度学习模型中，首先将微博样本转换成句子向量，并将其输入 CNN 模型中，经过卷积层、池化层以及全局平均池化层操作及处理以后，由全局平均池化层输出样本的句子特征向量集，该向量集即为句子的分布式特征。然后，将句子的深层语义特征结合其他浅层特征输入 SVM 中进行微博文本的情感极性分类。

该模型的构建可以将深度学习模型和传统机器学习模型的优点进行较好的结合，通过 CNN 可以发挥深度神经网络强大的特征提取能力，对句子中的深层语义特征进行自动学习，而传统机器学习模型 SVM 在处理非线性可分数据时的优良性能也能在此模型中体现出来。将 CNN-SVM 用于社交媒体文本情感分类，可以较好地完成大规模的情感极性自动识别任务。本书构建的融合多维特征的情感分析模型整体框架如图 4-9 所示。

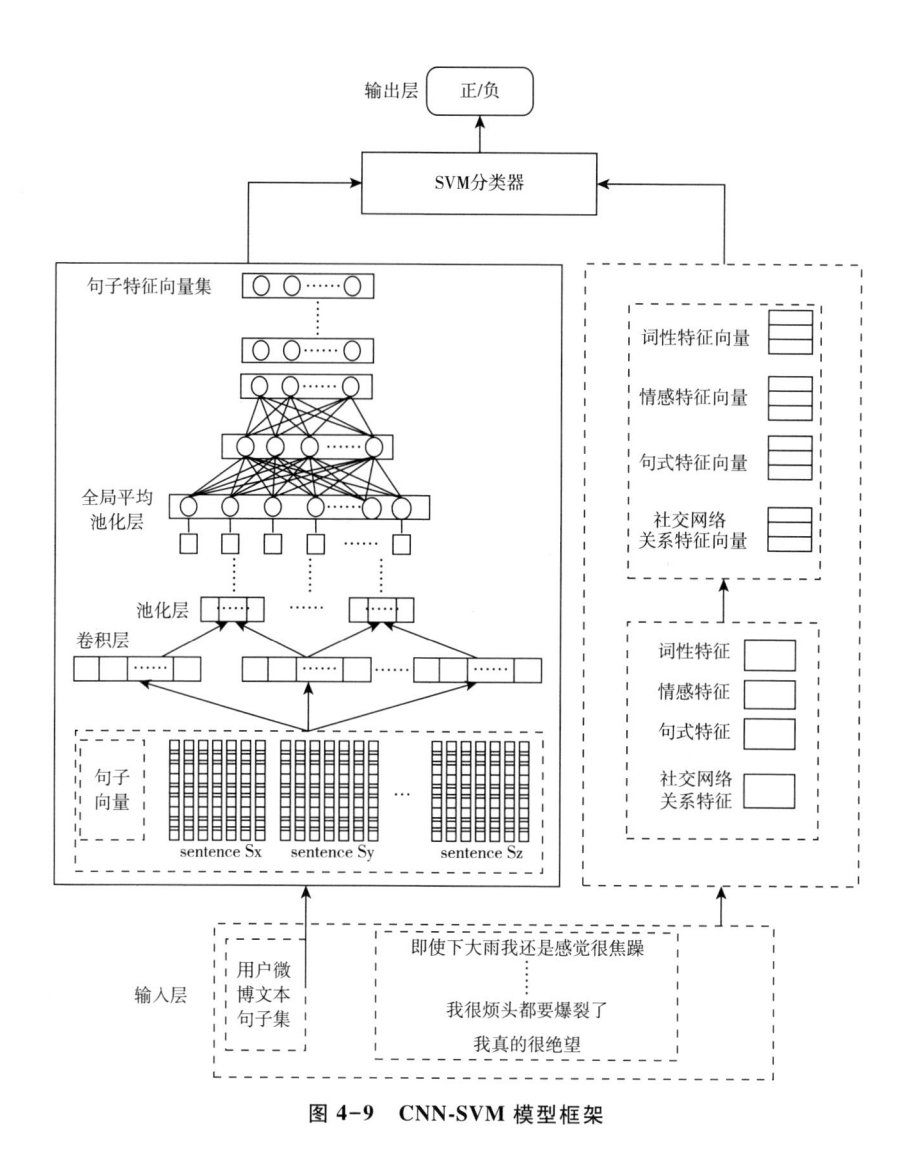

图 4-9 CNN-SVM 模型框架

按照数据处理过程的流向，CNN-SVM 模型框架可以分为以下几个部分。

一是文本预处理,将文本进行分词并转化成词块。

二是特征选择。特征选择分为两个部分,一部分为文本内部多粒度特征,另一部分为微博社交关系网络特征。根据社交媒体用户情感表达的语言特点及行为特点,本研究选取能够影响情感分类效果的特征。

三是句子语义特征向量模块,将选取的句子语义特征转化成向量并输入(使用 CNN 对句子特征进行向量表示)。

四是社交网络特征向量模块。通过构建社交关系矩阵来对社交网络特征关系进行向量表示。

五是将 CNN 模型输出的句子特征向量集、社交网络特征向量和其他所有文本特征向量进行组合。

六是将组合后的训练样本特征向量输入 SVM 模型中进行训练。

七是利用训练好的 SVM 分类器对测试样本进行正性/负性分类,并输出预测后的情感极性。

接下来的内容将对基于 CNN-SVM 模型进行社交媒体心理健康文本情感分类的具体过程进行详细论述。

第三节 基于 CNN-SVM 的社交媒体文本情感分类过程

一 数据预处理

在心理健康临床诊断过程中,判断来访者是否具有负性情绪以及负性情绪的持续时间是评估其心理状况的重要指标。由于微博用户发布的文本为短文本,为了判别微博用户的整体情绪值,本研究采取将单个用户的所有微博文本进行合并处理,即将用户的所有微博内容视为一个大的文本,在进行情感分类时采用句子级情感分析。对单个用户的每一条文本内容进行详细的分析,最终获得单个用户微博文本的情绪极性。使用 Ansj 中文分词工具对心理异常用户和心理正常用户发布的文本进行分词和词性标注。由于心理健康领域词汇的特殊性和复杂性,为了提高中文分析的准确率,将中文版 LIWC 词库以及心理学词库添加到 Ansj 工具中来进行文本的分词。

二 多维特征选择

在机器学习过程中,特征的选择和提取是进行所有任务的关键步骤,特征选择和提取的好坏直接影响到整个模型的分类性能和表现。针对社交媒体文本,由于不同粒度的文本也会有不同的语法和语义特征,选择合适的特征对于社交媒体文本情感分析起着至关重要的作用。本文在分析社交媒体用户心理健康情感表达特点的基础上,选择将多维特征组合作为情感分类的依据。多维特征融合了浅层文本特征、深层语义特征和社交网络关系特征。传统的浅层文本特征主要包括词性特征、情感特征、句式特征,深层语义特征主要是由 CNN 模型输出的分布式句子语义特征,社交网络关系特征主要是基于文本相似度和社交网络关系的微博情感相似度。

(一)词性特征

用户在社交媒体平台发布的文本往往具有极大的随意性,尤其是在中文微博平台上。由于最初平台对微博文本有 140 个字符的限制要求,微博用户发布的文本大多数为短文本,更有甚者使用一个或几个词语来传递情感信息,这就造成了微博文本句法结构的严重缺失。因此,对于微博文本进行句子级情感分析,需要充分考虑其短小的特点,将词语作为最小单位,对词性特征进行提取,以弥补句子结构特征的稀疏。同时,在对心理异常用户文本的分析过程中发现大量的与心理疾病有关的名词,例如,抑郁症、脑垂体激素、强迫狂躁症等,同时还发现,心理异常用户在情绪表达时会使用大量的形容词,例如,度日如年、生不如死、蓬头垢面等,以及大量的动词,例如,自生自灭、烧炭、欺负、害怕等。在结合微博情感分析以及用户心理健康情感表达特点的基础上,本文选取名词、动词、形容词、副词作为情感分类的特征。

(二)情感特征

社交媒体用户在表达情绪和观点时,在发布的信息中会直接使用情感词来体现情感的极性和强度。一般将情感词分为"正性"、"负性"和"中性"3 类。正性情感词为积极的词汇,不考虑上下文语义及其后验极性,正性情感词的使用传达了用户积极、乐观的情绪;负性情感词为消极的词汇,同样在不考虑上下文语义及其后验极性的情况下,语句中出现负性情感词则传递了用户消极、悲观的情绪;中性情感词则表示词语不能体现出特殊情感倾向。本研究仅对情感词作二分类,即"正性情感"和"负性情感"。在对情感词的判定时,还需结合情感词前程度副词的使用,程度副词的权重直接决定了微博情感值的高低。

(三) 句式特征

微博语句中转折词的出现可能会改变整个句子的情感倾向。例如:"今天的天空特别美丽,还出现了漂亮的彩虹。但是这一切和我无关,我的世界永远都是一片空白。"该文本包含两句话,结合情感词以及词性特征对第一句情感倾向性进行判断,可以分类为正性情感。不考虑转折词,第二句文本的情感倾向性为中性,将转折词考虑进来,并且结合上下文语义,最终可以判断该微博文本的情感极性为负性。可以看到,作为句式特征词的转折词在分析文本情感的过程中起到重要的作用。同时,否定词的出现也会改变整个语句的情感,例如:"这个世界并没有错,错的是我不该来到这世上。"否定词的连续使用使句子情感倾向呈负性。所以在对文本进行情感分析的过程中,需要将句式特征词中的转折词和否定词考虑在内。

(四) 社交网络关系特征

微博具有点对点关注和公开传播的特点。作为现实社会关系的延伸,用户在微博平台上通过文本、图片、视频等形式来传递和表现个人的情绪和喜好,同时通过关注、好友、转发、分享、@等社交网络功能来实现点对点的交往和开放式传播。通常意义上具有社交关系的人们会受彼此之间的情感影响,存在情感相似性和一致性、情绪传递性和感染性。社会科学研究发现,心理学理论中情绪传染性理论[1]和情绪一致性理论[2]同样适用于社交网络关系的研究。根据这两种理论的思想,可以看到在微博平台上具有较为稳定的关注关系的用户之间,社交互动信息反映出相似的情感

---

[1] Hatfield E, Cacioppo J T, Rapson R L. Emotional Contagion [J]. Current Directions in Psychological Science, 1993, 2 (3): 96-100.

[2] Abelson R P. Whatever Became of Consistency Theory? [J]. Personality and Social Psychology Bulletin, 1983, 9 (1): 37-54.

和主题。通过对社交网络关系的分析，一方面可以确定用户之间的关系亲密度以及是否具有同质性，另一方面也可以挖掘出用户发布文本之间的相似度和情感关联。由此，以情绪传染性理论与情绪一致性理论作为理论基础的社交网络关系特征矩阵的构建，对微博情感分析具有重要的影响作用。

（五）句子特征

句子特征是指将每个词的信息都考虑到每个隐藏信息的计算中，即词的上下文信息都参与计算。本书在句子特征处理时选用的是 CNN，CNN 对局部信息的特征表示具有非常良好的性能。经过 CNN 模型中的卷积层处理，对原始句子向量中的局部语义进行特征提取，不同的卷积核会形成不同的特征图，通过设定多个卷积核形成的多张 feature map 代表了特征提取的完整性和多样性，以确保语义组合的局部最优。随后输入池化层，对提取出的多种语义组合进行采样，以保留含有深层语义信息的特征组合，剔除掉无意义的语义组合，最终通过全连接层实现对句子向量的分布式特征表示。

三　特征向量处理

在文本情感分类的过程中，文本特征需要由人类能够理解的形式转换为计算机能够理解的形式，实际上经过了两个步骤：特征选择阶段和将具体文本转化为向量时的特征向量处理阶段。本部分主要介绍了特征选择模块对选择的特征进行向量化处理过程。其中，词性特征向量和句式特征向量可以通过 Ansj 分词软件统计分析后直接表示，下面主要对情感特征、社交网络关系特征的处理进行说明。

（一）情感特征表示

根据情感分析的需要，本文以中文版 LIWC 词库为基础，对社交媒体文本中的新词发现采用的是计算语义距离关系方法。语义关系通过计算词向量之间的距离来进行，这里需要使用词向量模型 word2vec 对词汇进行词向量转换。word2vec 的原理是对输入的训练样本，采用 Huffman Tree 结构中概率模型，通过 BP 神经网络中的向后传播算法进行信息传递，在不断对模型中的参数进行调整的过程中实现词向量的更新,在经过反复迭代之后,生成统计语言模型以及训练样本的词向量。最终利用词向量之间的语义关系距离实现新词的自动识别。可以用公式 4.21 表示:

$$\theta, C = \arg\max\nolimits_{\theta,C} \frac{1}{T} \sum_{t=1}^{T} \sum_{-c \leq j \leq c, j \neq 0} \log p(w_{t+j} \mid w_t; \theta, C) \quad (4.21)$$

其中,θ 表示模型中神经网络的相关参数,C 表示语料所有词汇所构成的矩阵向量 $V \times K$。V 是词汇数量,K 是词向量的维数。使用 Huffman Tree 的数据结构,公式 4.21 中的 $P(w_{t+j} \mid w_t; \theta, C)$ 可以用公式 4.22 表示:

$$P(w_{t+j} \mid w_t; \theta, C) = \prod_{i=2}^{l^{w_y}} \left[\sigma\left(C_{w_x}^T \cdot \theta_{i-1}^y\right)\right]^{1-d_i^{w_y}} \cdot i - \left[\sigma\left(C_{w_x}^T \cdot \theta_{i-1}^{w_y}\right)\right]^{d_i^{w_y}} \quad (4.22)$$

l^{w_y} 表示从根节点出发到 w_y 所对应的叶子结点中所包含的非叶子结点数量,$d_i^{w_y}$ 表示这些节点相对应的 Huffman code,$\theta_{i-1}^{w_y}$ 表示 BP 神经网络权重参数,$C_{w_x}^T$ 表示 w_x 的词向量,$\sigma(x)$ 为激活函数 sigmod,即

$$\sigma(x) = \frac{1}{1 + e^{-x}} \quad (4.23)$$

利用上述原理,通过神经网络窗口的滑动,对训练样本进行反复迭代,直至模型完成对所有样本词汇的学习以后,可以获得该统计语言模型的参数 θ 与所有词汇组成的词向量矩阵 C。利用词向量模型来对社交媒体文本中的情感词语进行新词发现,在使用 word2vec 进行语言关系距离识别以后,对所有发现的新词再进行手工标注和二次筛选,最后可以获得 4633 个正性情感词和 4513 个负性情感词。程度副词的判定以 HowNet 情感词典中的程度副词词典为基准,再通过人工对社交媒体文本中出现的程度副词进行整理,最后确定 267 个程度副词作为情感分析的参考标准。在考虑到程度副词具有不同的情感强度差别时,对每个词进行 0.5~2 的 4 级权重赋值。如果同一个文本中有多个程度副词,将取情感强度最高值作为权值。考虑到一个句子中会同时出现极性相反的情感词,还将情感得分作为特征之一,计算公式如 4.24 所示:

$$\text{Score} = \sum_{i=0}^{n} (rawscore_i \times Intense_i) \quad (4.24)$$

(二) 社交网络关系特征表示

情绪感染理论是由 E. Hatfield 等在 Emotional Contagion 一文中首次提出的[①]。这个理论的主要思想是,在每个正常个体与其他个体进行互动交流的过程中,不同个体之间存在不同的情绪状态。该个体的感觉器官在获取以及判断其他个体的情绪状态以后,将捕捉到的信息转换成情绪信号并输入人脑神经网络中进行处理。根据人脑神经系统的反馈,个体会无意识地、潜意识地执行该心理状态的指令,并且脑部神经系统会进行反复的迭代以强化加工这一指令,从而逐步影响个体的心理意识变化。因此,可以看到情绪感染的过程实际上为个体之间相互情绪传递并且进行同化的过程[②]。

随着理论研究的不断深入,社会学学者发现社交网络同样适用这一理论。情绪感染也可以按照情绪维度理论来划分,根据情绪两极效价可以分为正性情绪感染和负性情绪感染。正性情绪感染是一种积极正向的情绪反馈,是个体对他人正面情绪(快乐、愉悦、振奋、鼓励)的感知和回应;负性情绪感染则与其正好相反,是一种消极负向的情绪共鸣,个体会随着他人的负面情绪变化而产生恐惧、悲伤、愤怒的情绪。

无独有偶,G. H. Bower 于 1981 年提出了网络理论(Network Theory),该理论对记忆的相关概念进行了界定。记忆是人类用来对事件进行记录和描述的语义概念网络,它是以图式的形式存在的。同时,对记忆的伴生过程思维也做了阐释,思维是对命题(事件的表征形式)进行再现和激活的过程。在此基础上,G. H. Bower 又提出了情绪一致性效应[③],设定每个情绪类别分别对应一个固定的节点,围绕这个节点会不断地扩充相关情绪信息,从而构成一个情绪关联网络结构。基于此关联网络,随着新命题的不断输入和更新,与元情绪相似度较大的命题,则会触发元情绪的激活状态,并会再现和加强相关情绪和情绪相关表现形式(语言、行为、事件),并对和

---

① Hatfield E, Cacioppo J T, Rapson R L. Emotional Contagion [J]. Current Directions in Psychological Science, 1993, 2(3): 96-99.
② Zhao L, Cheng J, Qian Y, et al. USEIRS model for the contagion of individual aggressive behavior under emergencies [J]. Simulation, 2012, 88(12): 1456-1464.
③ Bower G H. Mood and memory [J]. American Psychologist, 1981, 36(2): 129-148.

元情绪极性相反的情绪进行抑制。因此，当个体处于悲伤情境下，则会触发对负性情绪节点的启动状态，对于相应的负性情绪事件和记忆更为敏感，而对正性情绪事件自动进行屏蔽和抑制。

将这些心理学理论引入社交网络关系研究，有利于从多角度构建更为完整的情感模型以完成情感分析任务。通过文献查询发现，已有相关研究者进行了这方面的尝试。X. Hu 等在情绪传染性理论的基础上，利用情感表情符号和评级信息与帖子或单词中表达的情绪相关性特性，构建了一个无监督的情感分析学习框架并将其用于 Twitter 数据集，实验结果表明模型在情感分类性能上表现良好[1]。随后，他们在前文的基础上，进一步提出一个 SANT 模型，在这个模型里将"微博-微博"关系做更大范围的延伸，不仅在有标注的微博文本上进行关系图的构建，还将整个微博文本进行关联分析，这样对于未标注的文本，可以通过关系图与有标注文本进行关联。研究发现结合社交关系图后的 SANT 模型在分类性能上得到了显著的提升[2]。

C. Tan 等研究也发现以"@"提及方式"连接"的用户更可能持有相似的情感，他们利用社交网络信息构建了一个半监督学习框架，在提取用户文本特征的基础上，融入社交网络信息以增强情感信息特征。通过在 Twitter 数据集上的实验表明，融入社交网络信息确实可以提升情感分类的效果[3]。正是在这些研究成果的基础上，本研究提出了融合文本特征以及社交网络关系特征的情感分类模型。

微博平台上具有较为稳定的关注关系的用户之间，社交互动信息会反映出相似的情感和主题。微博用户发布的文本、评论数据以及关注关系，能够反映出微博用户之间的社交亲密程度以及同质性，进而反映了微博文本之间的情感关联。这种社交网络关系结构可以转换成社交网络关系矩阵（如图 4-10 所示）。

---

[1] Hu X, Tang J, Gao H, et al. Unsupervised Sentiment Analysis with Emotional Signals [C] // International Conference on World Wide Web. ACM, 2013: 607-618.

[2] Hu X, Tang L, Tang J, et al. Exploiting Social Relations for Sentiment Analysis in Microblogging [C] //ACM International Conference on Web Search and Data Mining. ACM, 2013: 537-546.

[3] Tan C, Lee L, Tang J, et al. User-level Sentiment Analysis Incorporating Social Networks [J] . 2011: 1397-1405.

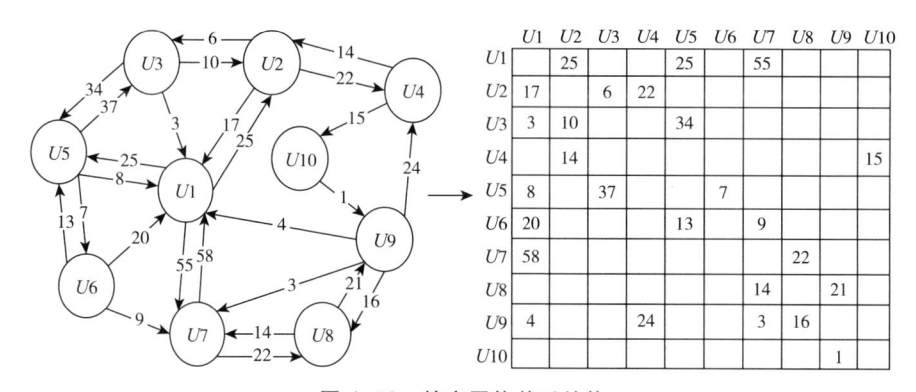

图 4-10　社交网络关系结构

节点 U 代表微博用户，带箭头的直线表示微博用户关注与被关注方向，箭尾表示关注方，箭头表示被关注方。每条边上面的数字表示某段时间内评论的次数，表征了两用户之间互动的频次。将用户之间关注数据作为微博的社交关系网络特征，附加到用户评论特征数据中，对社交网络关系的特征向量表示可以通过"用户-用户"之间的关注关系矩阵 F 和"用户-微博"之间的关系矩阵 R 结合生成：

$$A_S = R^T R + R^T F R \quad (4.25)$$

公式 4.25 中的 $R^T R$ 为情绪一致性效应的数学表示，即同一用户发布的文本在情感上有延续性，相比其他任意选择的文本具有相同情感极性的概率更大。同时，同一用户在相邻时间点上发布的信息在情感极性上更有可能具有一致性。$R^T F R$ 对情绪感染理论进行了数学表示，有关注关系的好友间发布的文本比随机采样的文本更有可能在情感极性上保持一致。

社交网络关系特征的引入一方面可以提高情感倾向性判别的准确性，另一方面也会给社交网络中的短文本情感分析带来一定的干扰，即存在社交关系的文本之间由于涉及不同的话题和对象，也会在情感倾向性上有着极大区别。针对这一问题，在借鉴前人研究的基础上，本研究将文本相似度关系引入关系矩阵"微博-微博"中，最后将社交网络关系和文本相似度关系进行结合来构建"微博-微博"关系[①]。具体公式如下：

[①] 卢桃坚：《社交网络中的短文本情感分析》，上海交通大学硕士学位论文，2015。

$$A_t = S, \quad S_{i,j} = \frac{\sum_{i=1}^{n}(x_i \times y_i)}{\sqrt{\sum_{i=1}^{n}(x_i)^2} \times \sqrt{\sum_{i=1}^{n}(y_i)^2}} \quad (4.26)$$

$$A_{st} = (R^T R + R^T F R) \odot S \quad (4.27)$$

公式 4.26 中 S 为"微博-微博"相似度矩阵，此处采用余弦相似性系数来建立相似度矩阵 S。同时，采用对应词汇是否出现的 N-gram 模型（$n=1$）作为特征表示方案，余弦相似度计算在文本处理上具有简单、有效、便捷的优点。将公式 4.25 与公式 4.26 通过哈达玛乘积（Hadamard）进行连接，即公式 4.27 中符号 $\odot$，进而可以得到一个融合社交网络关系和文本相似度的社交关系矩阵。最终可以得到一个能够同时表示社交网络关系和文本相似度的两种信息的邻接矩阵 A_{st}，一方面可以有效地减少社交关系中所产生的噪声，另一方面可以加强微博文本间情感关联度。

四 CNN 处理模块

本研究在处理单个用户微博文本时，将所有微博信息合并为句子集，并采用卷积神经网络对每个句子采用"单层 CNN"结构操作（见图 4-11），最终获取单个用户的句子特征向量集。

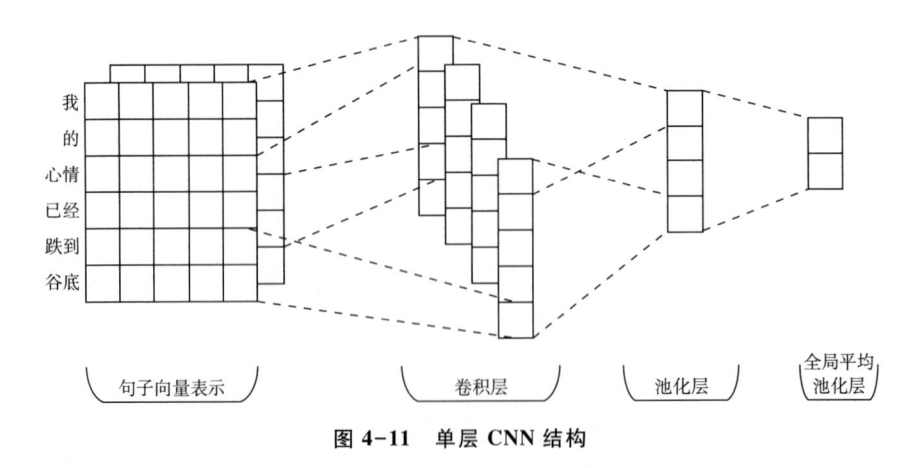

图 4-11 单层 CNN 结构

（一）句子向量表示

在对句子向量进行表示之前，首先需要将每句话中的词转换成词向量。

在自然语言处理任务中,必须首先对自然语言数学化,即用向量来表示词。一种最简单的词向量方式就是"one-hot representation",即用一个长向量来表示一个词,向量的长度取决于词表的大小。向量的分量中只有一个1,其他全为0,1所在的位置与该词在词表中的位置相对应。这种表示方法比较简单,但是维数庞大、特征稀疏,无法准确识别词与词之间的相似性。分布式表示(Distributed Representation)很好地解决了one-hot里的维度灾难问题,该方法使用稠密的特征向量取代稀疏向量,维度一般为50~100维,并且这种方法能够很好地获取语义信息[1]。在这些由向量构成的空间中,通过距离度量可以判断出词与词之间的语义相似性。

本研究在对词转换成词向量时,使用的是由Google在2013年开发的词向量转化软件word2vec,向量维度取随机初始化值100维。词向量最终是由一个矩阵表示$X \in R^{K \times |V|}$,V为词表的大小,K为词向量的维度,其中,每一列都对应一个词的向量,即$X \in R^K$。在获得句子中词向量表示以后,假设$X_i \in R^K$为第i个词对应的K维向量,则一个长度为m的句子表示为:

$$X_{i:m} = X_1 \oplus X_2 \oplus \cdots \oplus X_m \tag{4.28}$$

在公式4.28中$\oplus$为运算连接符,$X_{i:m}$表示由词向量组成的矩阵,其中这些词向量是由对应样本中的顺序排列的,最终可以获得长度为m的句子向量。

(二)卷积层

卷积层主要是使用若干大小不同的卷积核进行卷积操作,最终对语料中各相连的词汇之间的局部特征进行提取。卷积核$w \in R^{hk}$代表对窗口大小为h的K维词向量进行卷积处理。用公式表示为:

$$a_i = f(w.X_{i:i+h-1} + b) \tag{4.29}$$

在公式4.29中,$b \in R$为偏置项,f为激活函数,本研究采用ReLU激活函数:$f(x) = \max(0, X)$来训练模型,ReLU具有收敛速度快的特点。

---

[1] Collobert R, Weston J, Bottou L, et al. Natural Language Processing (almost) from Scratch [J]. Journal of Machine Learning Research, 2011, 12 (Aug): 2493-2537.

随后对输入文本的矩阵 $\{X_{1:h}, X_{2:h+1}, \cdots, X_{n-h+1:n}\}$ 进行过滤，就可以得到一张 featuremap：

$$A = [a_1, a_2, \cdots, a_{m-h+1}], a \in R^{m-h+1} \tag{4.30}$$

对于文本特征的提取，需要经过设计多个不同大小的卷积算子来进行操作，这是因为文本中词汇的序列位置以及上下文语义信息都会影响文本局部特征信息的提取。对应不同的卷积算子将会得到不同大小的特征图，最终将所有的特征图集合输入池化层去进行特征选择。

（三）池化层

通常情况下，只需几个具有代表性的词就可以基本表示出该句子的特征。因此，为了找出这些最有代表意义的局部特征，需要对从卷积层中提取的大小不同的特征图进行池化操作，从而过滤出局部最优特征。经过卷积层处理后的原始文本以文本特征向量的形式输出，最终取对应的最大值或者平均值来作为文本的局部最优特征。

（四）全局平均池化层

在一般的卷积神经网络结构里，对多次卷积池化后的特征向量会进行全连接层（Fully Connected Layers，FC）的操作①。在现实操作的过程中，全连接层通过两种情形的卷积处理来进行。全连接的一个作用是维度变换，尤其是可以把高维变到低维，同时把有用的信息保留下来。另一个作用是隐含语义的表达（Embedding），把原始特征映射到各个隐语义节点（Hidden Node）。但是，全连接层最大的缺陷就是参数量过大，特别是与最后一个卷积层相连的全连接层，它一方面增加了训练以及测试的计算量，降低了速度；另一方面参数量过大容易过拟合。所以，可以考虑用全局平均池化（Global Average Pooling，GAP）来代替，即将最后一层的特征图进行整张图的均值池化，将这些特征点组成最后的句子特征向量。

---

① Chen L C, Papandreou G, Kokkinos I, et al. DeepLab: Semantic Image Segmentation with Deep Convolutional Nets, Atrous Convolution, and Fully Connected CRFs [J]. IEEE Transactions on Pattern Analysis & Machine Intelligence, 2017, PP (99): 1-1.

五　SVM 分类器

支持向量机是一种有监督的机器学习模型，大量的研究表明，支持向量机具备较强的性能增益，在分类任务中表现更为突出。支持向量机最突出的性能就是利用核函数将低维空间中的线性不可分数据映射到高维空间中，从而实现线性可分数据的转换。本研究将深度学习模型 CNN 当作一个深层语义特征学习器，对文本的抽象特征进行自动学习和表示。通过卷积和池化操作转化为分布式特征表示，有效地对句子进行向量表示，然后将该分布式特征表示传入支持向量机中，同时结合词性特征、情感特征、句式特征和社交网络关系特征将 SVM 作为分类器进行训练，进而预测测试集的情感倾向。

第四节　基于 CNN-SVM 的社交媒体文本情感分类实验

一　实验数据集及实验设置

由于目前国内没有标准的心理健康类社交媒体文本语料库可用于实验研究，本书将根据自建的语料库完成对社交媒体文本的情感分类实验。实验按照 4∶1 的比例划分训练集和测试集。从心理异常微博用户组中选取 100 个账号，心理正常微博用户组中选取 100 个账号作为训练集，再从剩下的心理异常微博用户组和心理正常微博用户组各抽取 25 个账号作为测试集。训练集中，处理心理异常组用户微博文本共 21563 条，心理正常组用户微博文本 16576 条。测试集中，处理心理异常组用户微博文本共 6353 条，心理正常组用户微博文本 4552 条。训练集中句子正负性分类采用人工标注的方式完成，具体标注见表 4-1。

表 4-1　情感分类的训练数据

单位：条

训练集	正性	负性	句子数量
心理异常组用户	4474	17089	21563
心理正常组用户	13137	3439	16576
合计	17611	20528	38139

本研究选取开源深度学习框架 Caffe 进行 CNN 模型处理，Caffe 是最容易测试评估性能的标准深度学习框架，本身由 C++编程语言写成，支持 Java 和 Python 接口，本研究通过 Python 语言实现。分类器使用的是 SK Learn 工具包提供的支持向量机，它是基于 Lib SVM 实现的，Lib SVM 是由台湾大学林智仁教授等设计并开发的，是 SVM 的一个优化版本。硬件配置环境：运行环境为 Win XP 64bit，CPU 为 Intel Corei5-3230，内存为 32GB，GPU 为 2×NVIDIA Tesla K20c，单 GPU 显存大小为 4.8GB。

二 实验过程及结果分析

本章实验目的：(1) 证明融入深度学习特征、浅层学习特征以及社交网络关系特征的多维特征比单一的浅层学习特征效果更好，尤其是在对心理健康文本相关的情感分类时；(2) 证明由 CNN 和 SVM 组成的深度学习模型可以提高分类的准确率，与传统浅层机器学习模型相比在情感分类上性能更优。

使用随机初始化的值完成词向量的转化，随机向量维度初始值为 100 维。CNN 的超参数包括窗口大小和输出向量的大小，也使用随机初始值。支持向量机使用 Lib SVM 提供的默认参数，SVM 类型为 C_SVC，核函数为径向基核函数。使用 38139 条训练数据集完成对 CNN-SVM 模型参数集的训练，使用训练完成的模型对 10905 条测试数据集进行实验，将准确率、召回率和 F1 值作为评价标准。

针对实验目的 (1) 进行 4 组不同特征组合对情感分类影响的对比实验：

第一组使用句子特征和词性特征；

第二组使用句子特征、词性特征和情感特征；

第三组使用句子特征、词性特征、情感特征和句式特征；

第四组使用句子特征、词性特征、情感特征、句式特征和社交网络关系特征。

针对实验目的 (2) 进行 3 组情感分类对比实验：

第一组仅使用浅层学习特征的 SVM 模型进行情感分类；

第二组使用 LSTM-SVM 模型进行情感分类；

第三组使用本书所构建的 CNN-SVM 模型进行情感分类。

1. 实验1：不同特征组合对情感分类影响

本实验的主要目的是通过设置不同特征组合方式的分类实验，来验证特征优化的有效性。实验的评价指标采用的是准确率。具体实验结果见表4-2。

表4-2 不同特征组合实验结果

实验组	特征组合	准确率（%）
1	句子特征+词性特征	71.2
2	句子特征+词性特征+情感特征	76.5
3	句子特征+词性特征+情感特征+句式特征	78.1
4	句子特征+词性特征+情感特征+句式特征+社交网络关系特征	82.3

从表4-2的实验结果中可以看到，当采用第四组句子特征+词性特征+情感特征+句式特征+社交网络关系特征时，准确率最高。第二组在加入情感特征以后，准确率要比第一组仅用句子特征+词性特征显著提升。这是因为在情感特征里以中文版LIWC词库为基础，并利用词向量模型word2vec发现网络新词，能够提高心理健康情感词的识别率，使情感词特征的作用得到有效利用。第三组加入句式特征以后，准确率比第二组有一定提升，分析其原因正好与本书第三章第一节中认知过程词的统计结果相吻合，主要是心理异常用户在情感表达时更频繁地使用排除词（例如，可是、但是）以及否定词。第四组引入社交网络关系特征以后，对负性情感识别准确率得到提升，这是因为心理异常人群在一般情况下不会过多关注其他用户，社交关系单一，与其具有同质性的用户之间加关注，并且文本相似度较高。社交网络关系特征的加入使社交媒体文本情感分析的特征选择更加具有针对性，其包含了除文本自身特征以外的情感信息，这些信息影响着情感分类的结果。实验证明，结合深度学习特征以及浅层学习特征的多维特征表示方法比单一特征的方法在心理健康负性情感识别上表现得更好。

2. 实验2：对比实验分析

在本文构建的CNN-SVM模型中，主要从优化特征提取的角度将CNN作为句子深度学习特征的自动学习器，同时结合浅层学习文本特征将SVM作为一个情感分类器。在对国内外情感分析研究过程中发现，长短记忆神经网络（LSTM）在自然语言处理领域及情感分类任务上也有不错的表现①②③④⑤⑥，为了证实本章提出的融合多维特征的 CNN-SVM 模型在社交媒体心理健康文本情感分类上的有效性，本章节实验使用了 3 个对比模型（仅使浅层学习特征的 SVM 模型、LSTM-SVM 模型、本书所构建的 CNN-SVM 模型）进行情感分类，实验结果如表 4-3 所示。

表 4-3 对比模型实验结果

单位：%

模型	正性			负性		
	准确率	召回率	F 值	准确率	召回率	F 值
SVM	70.1	71.1	70.6	73.4	75.2	74.3
LSTM-SVM	77.3	76.7	77	81.2	82.3	81.7
CNN-SVM	79.4	78.2	78.8	84.3	84.8	84.6

实验结果表明，本文构建的融合多维特征的 CNN-SVM 模型在微博数据集上的情感分类性能要比传统的 SVM 以及以 LSTM 为特征学习器的深度学习模型在各方面表现要更优。在第一组对比实验中，仅将浅层学习特征用于 SVM 分类器中进行分类，对比发现各项指标都属于最低。SVM 在分类性能上虽然表现尚可，但是相比引入深度学习特征的 LSTM-SVM 和 CNN-SVM 模型来讲仍有一定的差距。在第二组对比实验中，将句子特征进行深度学习的模型替换成 LSTM，与支持向量机相比，各方面指标都有了很大的提升，表明文本序列内部的关联性也

---

① 梁军、柴玉梅、原慧斌等：《基于极性转移和 LSTM 递归网络的情感分析》，《中文信息学报》2015 年第 5 期，第 152~159 页。
② Wang J, Yu L C, Lai K R, et al. Dimensional Sentiment Analysis Using a Regional CNN-LSTM model [C] //ACL 2016 - Proceedings of the 54th Annual Meeting of the Association for Computational Linguistics. Berlin, Germany. 2016, 2: 225-230.
③ Tai K S, Socher R, Manning C D. Improved Semantic Representations from Tree-structured Long Short-term Memory Networks [J]. ArXiv preprint arXiv: 1503.00075, 2015.
④ Gal Y, Ghahramani Z, A theoretically Grounded Application of Dropout in Recurrent Neural Networks [C] //Advances in Neural Information Processing Systems. 2016: 1019-1027.
⑤ Zhu X, Sobihani P, Guo H. Long Short-term Memory Over Recursive Structures [C] // International Conference on Machine Learning. 2015: 1604-1612.
⑥ Wang X, Liu Y, Sun C, et al. Predicting Polarities of Tweets by Composing Word Embedding with Long Short-Term Memory [C] //ACL (1). 2015: 1343-1353.

是情感分类的一个重要依据,但是与本文构建的 CNN-SVM 相比性能稍显逊色。这是因为 CNN 是分层结构,LSTM 是连续结构。在自然语言处理上,CNN 由于擅长提取局部特征而更适合处理分类类型的任务,例如情感分类任务,因为情感的表达通常是由一些关键词来决定;而对于顺序建模任务,LSTM 通过了解上下文语义信息更适合处理序列标注任务。相比 LSTM-RNN 模型,本研究构建的 CNN-SVM 模型在特征提取和分类性能上都表现较为良好。

通过实验结果还可以发现,3 组对比模型在对正性情感和负性情感进行分类的过程中,对于负性情感分类的各项指标要明显高于正性情感。原因是心理异常用户和心理正常用户在负面情感的表达上情绪词的使用更为明显和强烈,而正性情感的表达相对含蓄和表达方式比较丰富,因此难免会出现正性情感识别率较低的现象。综合以上实验表明,本文将深度学习特征、浅层学习特征以及社交网络关系特征相结合用于 SVM 并进行分类,对心理健康文本情感分类识别是有贡献的。

第五节 本章小结

本章构建了混合多维特征的 CNN-SVM 模型,对社交媒体用户发布的文本进行情感分类。首先对 CNN 模型和 SVM 模型的基本理论进行了介绍,搭建了 CNN-SVM 模型框架,并从文本数据流程的角度对基于 CNN-SVM 的心理健康文本情感分类过程进行了详细的描述。在特征选取部分,详细介绍了包括多粒度文本特征和社交网络关系特征的多维特征。其中,文本多粒度特征主要包括词性特征、情感特征、句式特征 3 种浅层学习特征和一种深度学习特征,即分布式句子特征。社交网络关系特征主要是基于文本相似度和社交网络关系的微博情感相似度特征。

CNN-SVM 模型将卷积神经网络作为一个自动的深层语义特征学习器,同时结合词性特征、情感特征、句式特征以及社交网络关系特征,输入 SVM 中,将 SVM 作为一个情感分类器进行情感极性的分类。在构建的多维特征深度学习模型中,首先将微博样本转换成句子向量,并将其输入 CNN 模型中,经过卷积层、池化层以及全局平均池化层操作和处理以后,由全局平均池化层输出样本的句子特征向量集,该向量集即句子的分布式特征,然后,将句子的深层语义特征结合其他浅层特征输入 SVM 中进行微博文本的情感极性分类。

最后以微博平台抽取的心理正常用户及心理异常用户文本为实验数据，分为两个实验对本书所构建的模型进行验证。实验1为4组不同特征组合对情感分类影响的对比实验，证明了混合深度学习特征、浅层学习特征以及社交网络关系特征的多维特征比单一的浅层学习特征效果更好，尤其是在与心理健康文本相关的情感分类时；实验2使用3组对比实验验证了本书所构建模型的有效性。实验结果证明了由CNN和SVM组成的深度学习模型有效，与单独使用SVM模型以及LSTM-SVM模型，在准确率、召回率以及F值上都表现良好，可以获得更好的分类效果。

第五章　基于 Singlepass-LDA 模型的心理健康情感主题识别

在对心理异常用户与心理正常用户文本内容进行对比分析过程中发现，心理异常用户在社交媒体平台发布的文本主题和心理正常用户有极大的区别，心理异常用户更加关注自我情绪的发泄、疾病症状的描述等，关注的话题往往是与个体心理状态密切相关的事件。而心理正常用户关注的话题就比较广泛，涉及政治、经济、文化、体育等社会生活的方方面面。因此，有效地识别心理异常用户在社交平台上发布的热点话题，有助于更深入地了解心理异常用户的心理特点，对用户心理健康状况的有效识别以及开展有针对性的心理健康援助工作起到非常重要的作用。

第一节　问题描述

与传统文本的主题识别方法一样，对社交媒体文本进行主题识别也分为聚类的方法和主题模型的方法。其中聚类的方法属于无监督的主题识别方法，主要通过文本之间相似度计算来实现文本的聚类，其原理思想是：对于文本间主题的区分，属于相同主题的文本其相似度大，而相似度小的文本表示它们属于不同的主题，即同主题同类，不同主题异类。经过聚类算法对文本进行划分以后，自动形成的类簇就是文本的主题类，通过对类簇文本进行聚类可提取出该类的主题。因此，在聚类方法操作过程中，对文本之间进行相似度计算是形成类簇的关键步骤。这种方法不需要人工进行标注，有利于实现主题的自动聚类。目前常用的基于聚类的主题识别方法有：基于划分的 K-means 算法、基于层次的 BIRCH 算法、基于网格的 STING 算法、基于密度的 DBSCAN 算法、增量式聚类算法以及基于高斯混合模型的 EM 算法等。

主题模型是建立在多项式概率分布的基础上的,因此又称其为"概率主题模型"。目前在文本处理和大数据分析里面,其常常用来对文本进行建模。通过对文本语义的向量化表示,利用语义向量的相似度计算来实现对文本的分类。再利用主题概率模型,分别对文本与主题、主题与词汇之间的概率分布进行计算,在已知文本集特征词汇的基础上,通过多项式分布矩阵可以实现对潜在主题的提取以及主题词的识别。其中以 LDA 为代表的主题模型研究成果丰富,在实际应用中效果显著[1][2][3][4]。

本章在结合社交媒体文本更新速度快、数据量大,以及社交媒体心理异常用户发布文本特点的基础上,针对 Single-Pass 和 LDA 模型在主题识别上的优缺点,对两种方法进行融合及优化,从而实现对心理异常用户发布的负性情感文本的主题识别任务。

第二节　主题层次识别模型 Singlepass-LDA 的构建

一　单遍聚类 Single-Pass

单遍聚类方法 Single-Pass,是一种单向的动态的聚类方法。其最大的特点在于聚类的动态性,并且在聚类之前与 k 均值、SOM、FCM 等方法不同的是不需要事先设定类簇的数量,所以在面对社交媒体文本生成速度快、数据量庞大时,具有极大的优势。Single-Pass 聚类方法的主要数学原理是建立在相似度计算的基础之上的,对目标数据以"同类相似度大、异类相似度小"的思想进行聚类。其具有逻辑结构简单、计算速度快的特点,因此可以实现大规模数据的初步聚类。增量式文本聚类算

---

[1] Sasaki K, Yoshikawa T, Furuhashi T. Online Topic Model for Twitter Considering Dynamics of User Interests and Topic Trends [C] //EMNLP. 2014: 1977–1985.

[2] Chen C, Ren J. An Improved PLDA Model for Short Text [C] //International Conference on Applications of Natural Language to Information Systems. Springer, Cham, 2017: 58–70.

[3] Fang A, Macdonald C, Ounis I, et al. Using Word Embedding to Evaluate the Coherence of Topics from Twitter Data [C] //Proceedings of the 39th International ACM SIGIR Conference on Research and Development in Information Retrieval. ACM, 2016: 1057–1060.

[4] Li Y, Li W, Li S. A Hierarchical Knowledge Representation for Expert Finding on Social Media [C] //ACL (2). 2015: 616–622.

法的基本原理是：首先将数据集中的第一个数据对象作为第一个类簇，然后将其余的所有数据对象与第一个数据对象进行比较，如果与该类簇的相似度小于某个阈值 θ，则将该数据设置为一个新的类簇；若是和该类簇的相似度大于某个阈值 θ，那么把此数据点插入此类别中。直到读取完所有数据文本，否则将不断地循环下去。

Single-Pass 算法按照文本的输入顺序处理每一条文本，从而实现文本的动态聚类。动态化增量的过程就是可以不限定文本集的数量，按照顺序结构进行样本的输入，将每一个参与聚类的文本与指定的中心文本进行相似度计算，按照计算值的大小与阈值之间的关系来判定该文本是否属于该类簇。对于不属于该类簇的文本则新建一个主题类簇，并相应地更新类簇中的中心文本。因此，在对文本进行主题识别时，对文本与文本或文本与主题之间相似度的度量是聚类算法的关键之处。

常见的相似度算法有 Euclidean Distance、Conscine Similarity、Jaccard 相似系数，Pearson 相关系数等。其中最为简便的方法是使用余弦相似度，对于两个向量 A 和 B 而言，通过计算两个向量的夹角余弦值来评估它们之间的相似度。用数学公式来描述就是：

$$\cos\theta = \frac{\sum_{1}^{n} A_i \times B_i}{\sqrt{\sum_{1}^{n} A_i^2} \times \sqrt{\sum_{1}^{n} B_i^2}} \tag{5.1}$$

Single-Pass 主题识别方法过程如下。

（1）随机选择一条文本作为元文本 d，依据文本集中排列顺序进行样本输入。

（2）对于每一条新进的输入样本 d_i，将 d_i 与元文本 d 进行相似度计算，在形成若干中心向量以后，得出最大相似度 $\text{sim}_{\max}$。

（3）根据相似度距离的均值计算出距离阈值 T，然后对每个文本的 $\text{sim}_{\max}$ 与阈值 T 进行比较，大于 T 的表示同类，将 d_j 归入该类簇并对中心文本进行动态更新；小于 T 的表示异类，则新建一个类簇，并将 d_j 作为新主题的元文本。

（4）直至遍历文本集中所有文本则停止操作。

二 主题生成模型 LDA

隐含狄利克雷分布 LDA 是一个包含文档、主题、词语的三层贝叶斯模型①②。LDA 模型主要采用词袋（Bag of Words）的方法，将每个文本视为词频向量，从而将文本信息进行数字转换来实现文本建模。每一个文本代表了一些主题所构成的一个概率分布，而每一个主题又代表了很多主题词所构成的一个概率分布。用数学标记的方法进行表示，即对样本数据集内的任一文档都存在一个与主题 t 相匹配的多项式分布（Multinomial Distribution），用 θ 来表示；同理而言，对于任一主题也都存在一个多项式分布与词袋里词汇相匹配，用 φ 来表示；多项式分布 θ 和 φ 都是狄利克雷先验概率，它们的超参数分别为 α 和 β，那么可以界定，即 $\theta \sim Dir(\alpha)$，$\theta \sim Dir(\beta)$。

根据上述数学原理的思想，可以将运用 LDA 进行文本生成的过程分解为以下几步：首先，将文本集 D 里所有的 n 个文本进行标记：$D = \{d_1, d_2, \cdots, d_n\}$；其次，对于这 n 个文本存在若干个主题 t，也标记为 $Y = \{y_1, y_2, \cdots, y_t\}$；再次，对经过分词以及去除停用词处理后的词袋进行标记：$W = \{w_1, w_2, \cdots, w_m\}$，词袋是由 m 个特征词组成的。利用泊松分布算出文本集里任一文本 d_i 的长度，并标记为 Z；最后，利用文本与主题、主题与词汇之间的多项式分布来进行文本生成操作。对于任一文本 d_i 里的特征词 w_i，先在文本所匹配的多项式分布 θ 里任意挑选一潜在主题 y_i，$y_i \sim Mul(\theta)$；然后从该潜在主题 y_i 对应的多项式分布 $p(w_i | y_i, \beta)$ 中任意挑选一个词语 w_i。这一过程重复 N 次，就可以产生文档 d_i。LDA 概率模型见图 5-1。

图 5-1 中，θ 表示文本集任一文本 d 与 t 个主题的多项式分布，φ 表示任一主题 y 与词袋 W 里 m 个特征词的多项式分布，y 为多项式分布 θ 中的一个主题，α 和 β 为 θ 和 φ 的超参数，分别代表文本与潜在主题、潜在主题与特征词之间的生成概率，m，n，t 表示迭代的次数。

---

① Wei X, Croft W B. LDA-based Document Models for Ad-hoc Retrieval [C] // International ACM SIGIR Conference on Research and Development in Information Retrieval. ACM, 2006: 178-185.
② Ramage D, Hall D, Nallapati R, et al. Labeled LDA: A Supervised Topic Model for Credit Attribution in Multi-labeled Corpora [C] // Conference on Empirical Methods in Natural Language Processing: Volume. Association for Computational Linguistics, 2009: 248-256.

第五章 基于 Singlepass-LDA 模型的心理健康情感主题识别 | 121

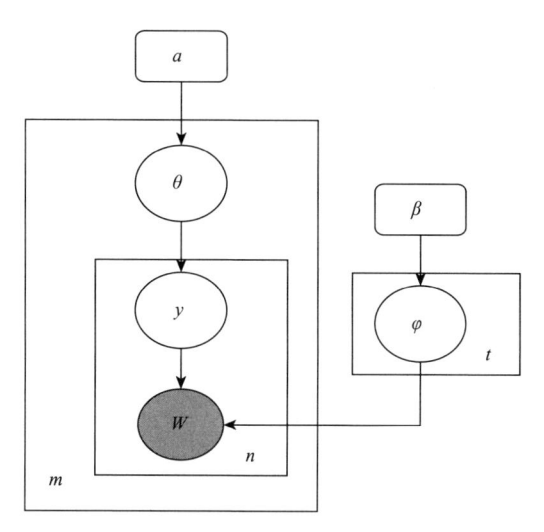

图 5-1 LDA 的概率模型

上述过程为 LDA 生成文本的原理，当面对给定文本集需要识别出其中潜在主题问题时，可以利用 LDA 生成文本的反向过程来进行操作。也就是说，在已知文本集 D 所有的特征词的前提下，可以利用 LDA 生成文本的逆过程推导出潜在主题。

针对 θ 和 y 的求解，一般常用吉布斯抽样算法和 EM 最大期望算法来进行。吉布斯抽样算法是马尔科夫链蒙特卡洛方法的一种简体，首先构建马尔科夫链（该链是对目标概率分布的最大收敛），再从里面提取出最符合概率分布的数据样本。而最大期望算法 EM 是对参数进行最大似然估计的学习算法，它对数据样本的完整性要求较低。这两种算法操作都比较简单方便，但是在运行速度上，吉布斯抽样方法更有优势，因此本研究使用吉布斯抽样算法来进行推导。

经过吉布斯抽样过程以后，可以得到文本-主题和主题-特征词两个矩阵，在前一个矩阵里，$Topic_i(i=1,2,\cdots,t)$ 表示第 i 个主题，$d_j(j=1,2,\cdots,m)$ 为第 j 个文本，A_{ji} 表示文本 d_j 里属于 $Topic_i$ 的特征词数量，以同样的解释用于后一个矩阵里，$w_k(k=1,2,\cdots,n)$ 表示第 k 个特征词，B_{ki} 表示 w_k 属于 $Topic_i$ 的特征词数量。这样便可以根据两个矩阵计算出 θ 和 y 的值，可用公式 5.2 表示：

$$\theta_{ji} = \frac{A_{ji} + \alpha}{A_{jx} + t\alpha}, y_{ki} = \frac{B_{ki} + \beta}{B_{xi} + n\beta} \qquad (5.2)$$

在公式 5.2 中，A_{jx} 表示 d_j 里所有被分配的主题的特征词数量，B_{xi} 表示属于 $Topic_i$ 的所有特征词的数量。通过运算得出的结果即为 θ 和 y 的值，从而可以判断出文本的主题以及对其最有特征表现的词汇，进而可以获得潜在主题的概率分布 α 以及每个潜在主题下特征词的概率分布 β。

三　Singlepass-LDA 模型框架

在对微博主题进行研究的过程中发现，主题模型 LDA 作为文档、主题和词汇两层嵌套式多项式分布模型，具有灵活性和可扩展性的优点。一方面，通过其对语义关联的挖掘，有利于对文档或者语料库中隐含主题进行识别；另一方面，其采用词袋的方法对主题与词汇之间的概率进行预测，有利于实现对数据特征向量的降维处理。同时，通过语义向量空间的构建，还解决了多义词以及近义词带来的特征向量表示稀疏性问题。但是，在实际运用过程中发现 LDA 模型需要花费大量的时间，单纯地使用 LDA 进行主题识别效果并不是特别理想。

微博文本具有话题类别庞杂、更新速度快的特点，事先无法预知形成的类别。而以 K-means 为代表的传统聚类方法对微博文本进行主题识别，需要事先确定类簇的数量，在面临样本量庞大、数据动态化特点突出的时候，此类聚类方法就无法使用。而以 Single-Pass 为代表的增量聚类方法，由于在聚类之前不需要给定簇的数量，在实际操作中其可操作性强、运算速度快，能够根据文本的动态输入，相应地调整类簇中的中心向量，按照顺序结构进行聚类处理，无须对所有文本进行重新操作即可实现文本集的聚类。数据量越大，其表现性能越优越，因此它特别适合用于微博类流式数据的聚类。但是该方法一个很大的缺点是，它的结果依赖于文本的输入顺序，因此错误率较高。同时，它属于粗粒度的主题识别方式，很难发现簇中潜在的主题。

因此，本研究在结合 Single-Pass 和 LDA 优缺点的基础上，构建一个层次主题识别模型 Singlepass-LDA。首先，使用 Single-Pass 对微博文本进行主题的首层识别，形成粗粒度的文本聚类；其次，在完成微博文本的第一层聚类的基础上，利用 LDA 对每个主题下的文本集进行更深层次的识别，以发现簇中潜在主题实现细粒度的主题识别。本书构建的 Singlepass-LDA 主题层次识别模型整体框架如图 5-2 所示。

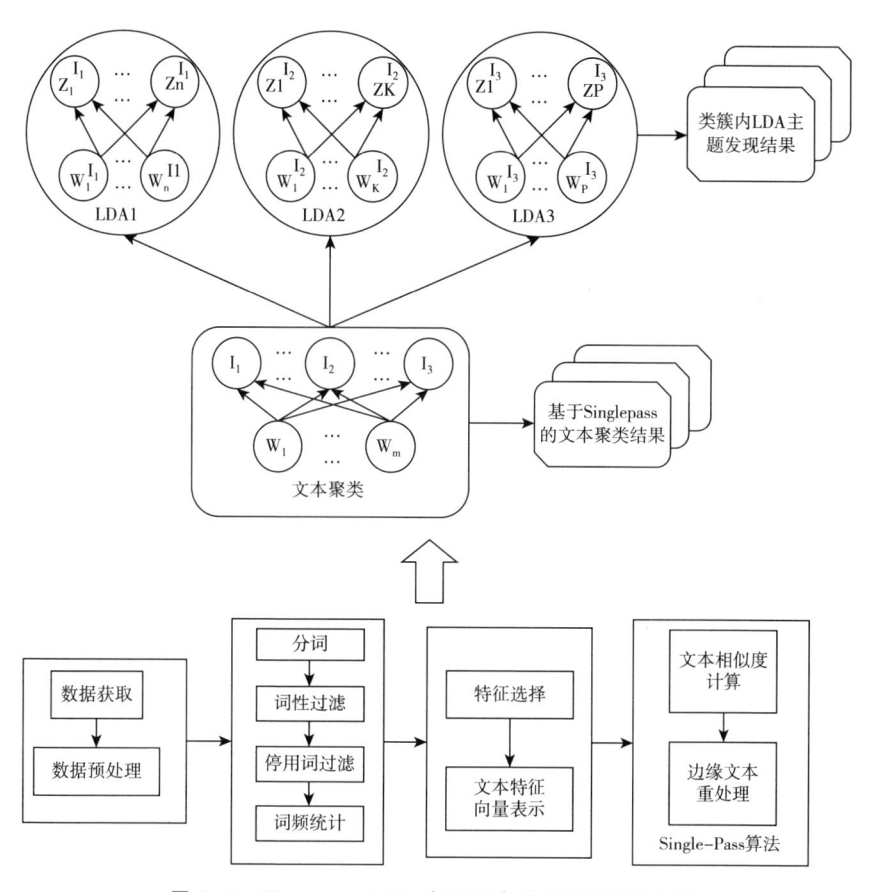

图 5-2　Singlepass-LDA 主题层次识别模型整体框架

按照文本数据的处理过程的流向，Singlepass-LDA 模型架构可以分为以下几个部分。

（1）利用数据抓取工具从微博平台获取心理异常用户发布的文本，使用 ICTCLAS 中文分词工具对心理异常用户发布的文本进行分词和词性标注。

（2）去除连词、介词等无用词，去除停用词，减少文本噪声，对保留的名词、动词、形容词进行词频统计。

（3）利用空间向量模型 VSM 将文本信息转变成向量。

（4）利用互信息方法对文本向量进行降维处理。

（5）利用 TF-IDF 算法计算出权重，形成文本特征向量。

（6）使用 Single-Pass 算法对文本进行聚类，采用余弦相似性计算各特征项之间的距离，根据相似度距离的均值计算出距离阈值 T，然后对每个文本的 sim_{max} 与阈值 T 进行比较，大于 T 的表示同类，将 d_j 归入该类簇并对中心文本进行动态更新；小于 T 的表示异类，则新建一个类簇，并将 d_j 作为新主题的元文本。

（7）确定每类中边缘文本。

（8）对于每一个有新文本进入的类簇，要对类簇中的边缘文本和元文本进行重新确定，并根据它们之间的距离与阈值 T 进行比较，大于阈值 T 将继续留置在该类簇中，小于阈值 T 则将该边缘文本从此类簇中剔除，并且将其重新放入文本集中进行聚类，此时按照步骤（6）的操作流程进行处理。再对上述步骤进行反复操作直至将所有文本进行聚类，结束整个 Single-Pass 算法。

（9）利用 LDA 模型对经过 Single-Pass 算法处理过的类簇中的文本进行潜在主题挖掘。

本章接下来的内容将对基于 Singlepass-LDA 模型进行负性情感主题识别的具体过程进行详细论述。

第三节　基于 Singlepass-LDA 的负性情感主题识别过程

一　数据预处理

本章主要是对心理异常用户发布的文本进行主题识别，考虑到微博多为短文本，且心理异常用户发布文本与心理健康状态具有一致性以及延续性的特点，本研究采取将单个用户某一时间段的所有微博文本进行合并处理，即将用户的所有微博内容视为一个大的文本，从心理异常微博用户组中选取 100 个账号，对样本做分词、词性标注以及去噪等处理。

（1）分词及词性标注

使用 Ansj 中文分词工具对心理异常用户发布的文本进行分词和词性标注。该系统分词效果较好，且支持人名识别、地名识别、命名识别、新词识别等特殊词类以及标点符号。例如："相信各位最近在抽血时都会发现自己的激素异常吧。这很正常,所有服用精神病药物的人的脑分泌都不会正常。所以对于这样的验血报告不需要担心。假如要担心,则不如担心你是否真的是抑郁症,因为脑袋长肿瘤也会导致脑激素异常,从而导致抑郁。"对这句微博进行分词及词性标注后得到的内容为:"相信/v 各位/rr 最近/t 在/p 抽血/vi 时/ng 都/d 会/v 发现/v 自己/rr 的/ude1 激素/n 异常/a 吧/y。/wj 这/rzv 很/d 正常/a,/wd 所有/b 服用/v 精神病/n 药物/n 的/ude1 人/n 的/ude1 脑/n 分泌/v 都/d 不/d 会/v 正常/a。/wj 所以/c 对于/p 这样/rzv 的/ude1 验血/vn 报告/n 不/d 需要/v 担心/v。/wj 假如/c 要/v 担心/v,/wd 则/c 不/d 如/v 担心/v 你/rr 是否/v 真的/d 是/vshi 抑郁症/n,/wd 因为/c 脑袋/n 长/a 肿瘤/n 也/d 会/v 导致/v 脑/n 激素/n 异常/an,/wd 从而/c 导致/v 抑郁/a。/wj"

(2) 去噪处理

经过分词以及词性标注处理后的词表,还需要进行去噪处理。去噪处理最为常见的就是将停用词进行剔除,停用词为文档中没有实际意义但在语法规则中不可缺少的补充词,它们虽然使用率较高但是对语义的分析没有太大的作用。对以连词、介词、量词之类为代表的词汇进行剔除处理,可以将文本的有用特征向量进行压缩,在一定程度上有利于进行降维处理和解决数据稀疏问题,并有利于加快模型的训练速度。一般去除停用词可以通过词频统计的方法,也可以通过构建词表的方法来进行词汇匹配。停用词使用率较高,通过词频统计的方法很简单地就可以实现,因此本文使用的是词频统计的方法。在中文词汇的词性中,有实际表示意义并且能够构成语义单元的有:名词、动词、形容词以及副词。结合本研究对象特点,为了更好地获得语句特征,以及提高算法的效率,本研究只对动词、名词和形容词进行词频统计。

二 心理健康文本建模

(一) 文本向量表示

计算机要对人类语言进行分析和处理时,需要首先对人类语言进行数据化转换。为了得到结构化文本,需要利用文本表示方法对文本进行建模,主要包括:n-gram 语言模型、布尔模型、向量空间模型等几种向量表示模型。其中，表示方法最为简便的是向量空间模型（Vector Space Model，VSM）[①]。VSM 通过计算向量之间的距离来对文档之间的相似性进行判断。其建模过程为：假设 d_i 是文本集合 D 中的第 i 篇文本，将每个文本处理成集合形式 $\{a_1, a_2, \cdots, a_n\}$。其中，$a_i$ 表示第 i 个特征项，依据某一特征赋权规则给每一个 a_i 赋予一个能够体现出其在文档中作用大小的权值 w_i。在向量空间模型中，文本 i 可以表示为 $d_i = \{a_{i1}, w_{i1}; a_{i2}, w_{i2}; \cdots; a_{in}, w_{in}\}$。其模型如图 5-3 所示。

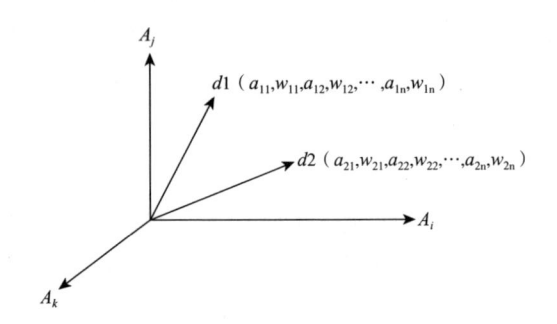

图 5-3　文本的向量空间模型

（二）文本特征提取

根据对 VSM 模型的分析，可以看到特征项的选择和特征项权重的确定是向量空间模型的核心问题。文本特征选择主要是通过筛选出有较强代表意义的词语，来达到降低向量空间维度的目的，从而提升文本处理速度以及有效性。目前常见的特征选择方法有：词频法（Word Frequency）、文档频数（Document Frequency）、互信息（Mutual Information）、信息增益（Information Gain）等。

本研究在心理异常用户发布的包含大量心理健康领域词汇的文本基础上，选取互信息（MI）方法作为特征评估函数。互信息方法所遵循的基本思路为：若一个词语在某个类中的频数比较高，在其他类中频数很低的话，该词语与这个类就有着较大的互信息。由此可以看出如果特征词与某一类

[①] Salton G, Wong A, Yang C S. A vector space model for automatic indexing [J]. Communications of the ACM, 1975, 18 (11): 613-620.

关联最密切的话，它们之间的互信息量也就最大。可以用公式 5.3 来定义：

$$I(X,Y) = \int_X \int_Y P(X,Y) \log \frac{P(X,Y)}{P(X)P(Y)} \tag{5.3}$$

（三）特征项权重

特征项权重表示一个特征将文本区别开的能力或者在文本表示中所起到的作用大小。运算特征项权重时常被用到的 3 种方法是布尔函数法、简单词频法和 TF-IDF 权重函数等。本文采用最为常用的 TF-IDF 权重计算方式，该计算方式的数学原理是利用词频与常用频率成反比的方法来进行计算，即当一个不常用的词汇频繁地出现在某一文档中时，可以判定该少见词为该文档的关键词，具有较高的分辨度，应该对其赋值较高。

TF-IDF 实际上是 TF×IDF，TF 指词频，表示词汇在文档 d 中出现的频率。IDF 表示逆文档频率，指的是某一特征如果在较少的文档中存在，那么 IDF 值就越高，区分力就越明显。其计算公式为：

$$w_{ij} = tf_{ij} \times idf_{ij} \tag{5.4}$$

公式中，w_{ij} 表示第 i 篇文档中第 j 个词的权重，tf_{ij} 表示特征 t_{ij} 在第 j 篇文本 D_j 中的频数，idf_{ij} 表示特征 t_{ij} 的逆文档频率，通常用公式 5.5 来计算：

$$id_{tf} = \log\left(\frac{N}{n_{ij}}\right) + 0.01 \tag{5.5}$$

其中，N 表示文本集合的总数，n_{ij} 表示包含特征 t_{ij} 的文本数。经过归一化处理后的 TF-IDF 可以用公式 5.6 来表示：

$$w_{ij} = \frac{tf_{ij} \times \log\left(\frac{N}{n_{ij}} + 0.01\right)}{\sqrt{\sum_{j=1}^{M}\left[tf_{ij} \times \log\left(\frac{N}{n_{ij}} + 0.01\right)\right]^2}} \tag{5.6}$$

三 Single-Pass 聚类

依据本章对 Single-Pass 算法的描述，可以看到在对文本进行主题识别时，对文本与文本或文本与主题之间相似度的度量是聚类算法的关键。首先对向量表示后的文本进行相似度计算，其次在面对 Single-Pass 算法中受到输入数据先后顺序影响的缺陷时，通过边缘文本重处理的方式对聚类算法进行优化。

（一）相似度计算

本研究对文本之间的空间距离使用余弦相似度算法进行计算，假设 A 和 B 为两个文本向量，则它们之间的空间距离通过两个文本向量的夹角余弦值来表示：

$$\cos\theta = \frac{\sum_{1}^{n} A_i \times B_i}{\sqrt{\sum_{1}^{n} A_i^2} \times \sqrt{\sum_{1}^{n} B_i^2}} \tag{5.7}$$

公式中，$\cos\theta \in [-1, 1]$，$\cos\theta$ 越接近 1，代表两个向量的方向越接近，表示同类概率越大，$\cos\theta$ 越接近 0，代表异类概率越大。在实际的操作过程中，一般将文本集所有文本进行 C_n^2 次比对，工作量非常的庞大。为了降低操作成本，有学者提出简化思想，以每类为单位，从中选择出在相似度上最有代表意义的文本作为元文本，对于每一个划分到该类的文本首先与元文本进行相似度计算，根据计算的结果来确定其分类是否正确。当出现某一文本与现有的元文本相似度都不满足阈值 T 时，则将该文本生成新的类别，并且按照其他元文本的生成方式确定新类元文本。

（二）边缘文本重处理

在对 Single-Pass 模型原理进行介绍时可知，该算法主要是按照文本先后输入顺序，分别与元文本进行相似度计算来实现对文本的聚类，由于受样本顺序输入的影响，当某一文本参与聚类过程以后，将不再参与聚类，即便属于错误分类也无法再被识别，此时受元文本动态变化的影响，整个聚类算法的正确率受到影响。所以本研究借鉴李芳等人[①]提出的边缘文本的思想，通

---

① 李芳、戴龙龙、江志英等：《基于自编码神经网络的 Single-Pass 聚类事件识别算法》，《北京化工大学学报》（自然科学版）2017 年第 2 期，第 81~86 页。

过对边缘文本的重处理,来消减输入顺序对 Single-Pass 聚类算法的影响。

对于每一个新文本,根据与每类元文本之间的距离远近关系,可以界定该文本的类别属性。同时对于已形成的每个类中的文本,也可以根据其与元文本的距离来进行迭代验证。为了降低验证的复杂性,可以通过确定每类与元文本距离最远的文本来进行聚类正确性的验证。这些与元文本距离最远的文本就是边缘文本(Edge Article)。边缘文本与元文本一样都不是固定不变的,而是随着样本的输入呈动态性变化的,由此可以不断地实现新文本的聚类。

针对这种现象,可以通过对边缘文本进行重处理的方式来减少聚类出现错误的概率。其逻辑如图 5-4 所示。

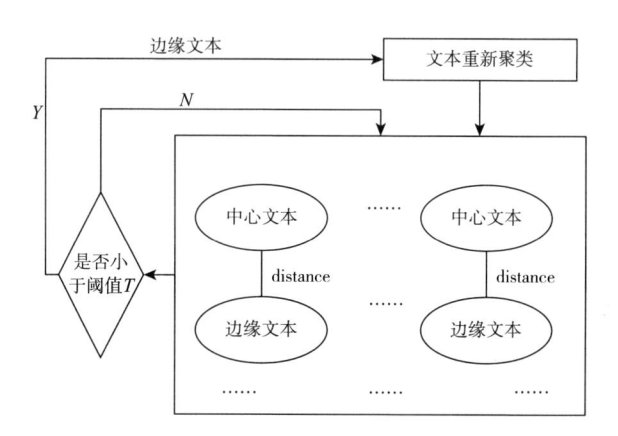

图 5-4 边缘文本重处理

具体的操作步骤为:首先确定每类的边缘文本,再根据类中文本与元文本相似度距离的均值计算出距离阈值 T,然后根据聚类过程的不断变化,相应对边缘文本与元文本进行重新计算,当其之间的距离小于阈值时,表示该边缘文本属于异类,应剔除并重新并入数据样本集中参与聚类。经过实验验证,这种边缘文本重处理的操作对降低误差率有显著的效果。

(三)聚类结果表示

聚类算法的目的是对文本进行无监督的处理。经过聚类以后的文本会形成若干类簇。每一个类簇分别代表了一个主题文本集,然而直接观察这些文本集是无法得知其表达的主题含义,还必须通过对形成的类簇进行主题表示才可以实现主题的识别。聚类结果表示的方法一般分为3种。

1. 类标签表示

相比其他两种方法,类标签表示方法比较直观,主要是把每个类簇直接作为分类标准,并且将该类簇的标签作为该文本集的主题。

2. 簇元点表示

这种方法操作也非常简单,通过相似度计算得出类簇文本中与其他文本相似度最高的文本,将其作为簇元点,此文本的主题即为该类簇的主题。

3. 频繁值表示

这种频繁值的方法在主题聚类中使用率较高。通过对类簇文本中出现的词频统计,以及词汇的常用率判断出类簇文本的关键词集,这些关键词即为该类簇的主题。

考虑到心理健康文本领域特点比较突出,本研究采用的是频繁值表示方法。对于心理健康文本里出现的心理词汇以及情绪词汇,首先通过词频统计确定出关键词,然后计算关键词的权重并进行大小排序,权重在前 n 个的关键词即是该文本的主题表示。权重的计算通过 TF-IDF 计算方法来进行,用公式5.8来表示。公式中,$C_1,C_2,\cdots,C_N$ 表示经过聚类后得到的 N 个簇,w 代表 C_i 中的每个关键词。

$$f(w,C_i) = \log \frac{N}{|\{C_j | f(w,C_j) \geq f(w,C_i), j=1,2,\cdots,N\}|} \tag{5.8}$$

公式5.8中,$f(w,C_i)$ 代表 w 在簇 C_i 中的词频,分母部分代表其他簇中 w 的词频大于等于在 C_i 中的 w 的词频的所有簇的总数。

(四) 聚类结果评估

本研究对聚类结果采用基于相似性的度量,即同簇文本亦同类、同类文本亦同簇。常用相似度指标有:Rand 指数、Jaccard 系数、Adjusted Rand Index 系数。指标描述如下。

假设 U 为人工标注分类集合,V 为机器算法处理后聚类结果。定义 a、b、c、d 参数:a 代表在 U 和 V 中都属于同一类别的样本对数目;b 代表在 U 中属于同一类别,而在 V 中不属于同一类别的样本对的数目;c 代表在 V 中属于同一类别，而在 U 中却不属于同一类别的样本对的数目；d 代表在 U 和 V 中都不属于同一类别的样本对的数目。可用以下公式表示：

$$R = \frac{a+d}{a+b+c+d} \tag{5.9}$$

$$J = \frac{a}{a+b+c} \tag{5.10}$$

$$ARI = \frac{2\times(a\times d - b\times c)}{(a+b)\times(b+d)+(a+c)\times(c+d)} \tag{5.11}$$

四 基于类簇的 LDA 潜在主题挖掘

经过 Single-Pass 算法进行聚类以后，可以得到负性情感文本主题的第一层类簇。由于微博文本量较大，首次聚类结果中的文本内容属于较为浅层的挖掘，计算出的关键词不能够充分代表该类，以至于真正的主题尚未被表示出来。同时，本研究是对社交媒体用户心理健康文本的情感主题挖掘，因此领域性特点比较突出，通过 LDA 模型进行文本主题的二次挖掘，利用概率分布模型将文本类簇中的潜在主题识别出来，以提高文本主题识别的准确率。

根据 LDA 主题概率分布模型的原理，首先利用文本与主题之间的概率分布来确定主题，再通过主题与词汇之间的概率分布来选择词汇，由这两层嵌套式概率分布不断地进行堆叠，可以得到文本与词汇之间的概率分布，并最终通过词汇可以获得文本的主题表示。在主题模型中，文本中的词汇是已知变量，主题是未知变量，为了验证主题模型的合理性，需要对主题模型进行后验概率检验。对于微博类簇中文本的词汇信息，通过后验概率分布挖掘出文本主题信息。其后验概率分布公式为：

$$P(\theta, z \mid w, \alpha, \beta) = \frac{P(\theta, z, w \mid \alpha, \beta)}{P(w \mid \alpha, \beta)} \tag{5.12}$$

公式 5.12 展开可得：

$$P(D \mid \alpha, \beta) = \prod_{d=1}^{M} \int P(\theta_d \mid \alpha) \left(\prod_{n=1}^{N_d} \sum_{z_{dn}} P(z_{dn} \mid \theta_d) \times P(w_{dn} \mid z_{dn}, \beta) \right) d\theta_d \tag{5.13}$$

通过吉布斯采样的方法对后验概率进行近似求解，获取模型中的文档主题概率分布和主题词汇分布，得到公式如下：

$$P(z_i = j \mid z_{-i}, w_i, d_i) \propto \frac{C_{w_{ij}}^{WT} + \beta}{\sum_{w=1}^{w} C_{w_{ij}}^{WT} + W\beta} \times \frac{C_{d_{ij}}^{DT} + \alpha}{\sum_{t=1}^{T} C_{d_{ij}}^{DT} + T_{\alpha}} \tag{5.14}$$

在吉布斯采样过程中，通过对上述公式反复迭代使得采样结果达到稳定。

第四节　基于 Singlepass-LDA 的负性情感主题识别实验

一　实验数据集及实验环境

本章的实验主要是对心理异常用户发布的文本进行主题识别。因此，仍以微博用户文本为数据来源，从心理异常微博用户组选取 200 个账号。根据临床心理学在对患者是否患有某种心理疾病进行诊断的过程中，患者必须符合出现该疾病症状至少已持续两个月的标准，在考虑微博文本较为短小的基础上，本研究对其中符合条件的 100 名用户账号进行数据抓取，选取 2017 年 3 月至 5 月发布的微博文本，共得到 13237 条微博文本。同时结合心理异常用户文本与心理健康状态具有一致性以及延续性的特点，本研究在对文本进行 Single-Pass 聚类分析的时候，采取对单个用户所有微博文本进行合并处理。在对形成类簇后的文本进行 LDA 潜在主题识别时进行单条微博分析。

经过人工分析，发现微博心理异常用户人群主要集中于"抑郁症""焦虑症""偏执性精神障碍"这三大类，由于这三类在症状描述上会有一定的交叉，本研究在主题聚类识别上做统一处理。使用 Ansj 中文分词工具对文本进行分词和词性标注。在词频统计环节，只对名词、动词和形容词进行统计。实验环境设置与心理健康文本情感分类实验相同，硬件配置环境：运行环境为 Win XP 64bit，CPU 为 Intel Corei5-3230，内存为 32GB，GPU 为 2 × NVIDIA Tesla K20c，单 GPU 显存大小为 4.8GB。

二　实验过程及结果分析

本章实验目的：（1）利用 Single-Pass 聚类算法对心理异常用户文本进

行主题的首层识别,形成粗粒度的主题类簇。为验证算法改进的有效性,首先要对聚类结果进行评估,主要通过与传统算法的对比来进行,以证明本研究对算法优化的有效性。(2)在完成微博文本的第一层聚类的基础上,利用 LDA 对每个类簇下的文本集进行深层次的主题识别,来发现簇中潜在主题以实现细粒度的主题识别。

(一) 实验1：Single-Pass 首层主题识别实验结果及分析

1. 主题聚类结果

本实验利用 python 语言实现 Single-Pass 算法。参数设置：在借鉴微博主题相关研究的最优结果基础上,设置特征项相似度阈值为 0.85；文本向量相似度阈值为 0.80①。经过一系列的分析处理后,最终通过聚类分析得到心理异常用户的心理健康主题类簇（如图 5-5 所示）。

第一,在心理异常用户的微博文本中,发布最多的主题为"自我情感描述"。例如："我心真的很累,眼泪打不住就是想哭。虽然周围的人群熙熙攘攘,但是我的世界里剩下的只有孤独。我实在很绝望了,对不起爸爸妈妈,像我这么罪大恶极的人就不该来到世上。"其中的关键词包括累、哭、绝望、孤独、罪大恶极等心理描述性负性情感词。这与临床诊断心理疾病患者的持续低落心境表现相一致。特别是抑郁症患者,主要表现为显著而持久的情感低落,抑郁悲观。患者常常对家人和朋友抱有极大的负罪感,对生活和工作不抱有任何希望,整个心境充斥着自我贬低、自我否定的情绪。同时,由于受到现实社交能力障碍以及心理疾病污名的影响,心理异常用户更愿意通过网络渠道来发泄情绪。所以,以第一人称单数为首的"自我情感描述"类文本最多。

第二,与心理疾病症状相关的主题也占了相当大的比例。例如："这几天睡眠障碍严重,开始出现妄想、幻听、头疼,不知是不是烧炭带来的后遗症。"其中,睡眠障碍、妄想、幻听、头疼,这些词语都是心理疾病发作时出现的典型症状。特别是睡眠障碍的症状在心理疾病患者中表现尤为突出,和前面对心理异常患者行为特征分析相吻合,个体

---

① 邱云飞、程亮:《微博突发话题检测方法研究》,《计算机工程》2012 年第 9 期,第 288~290 页。

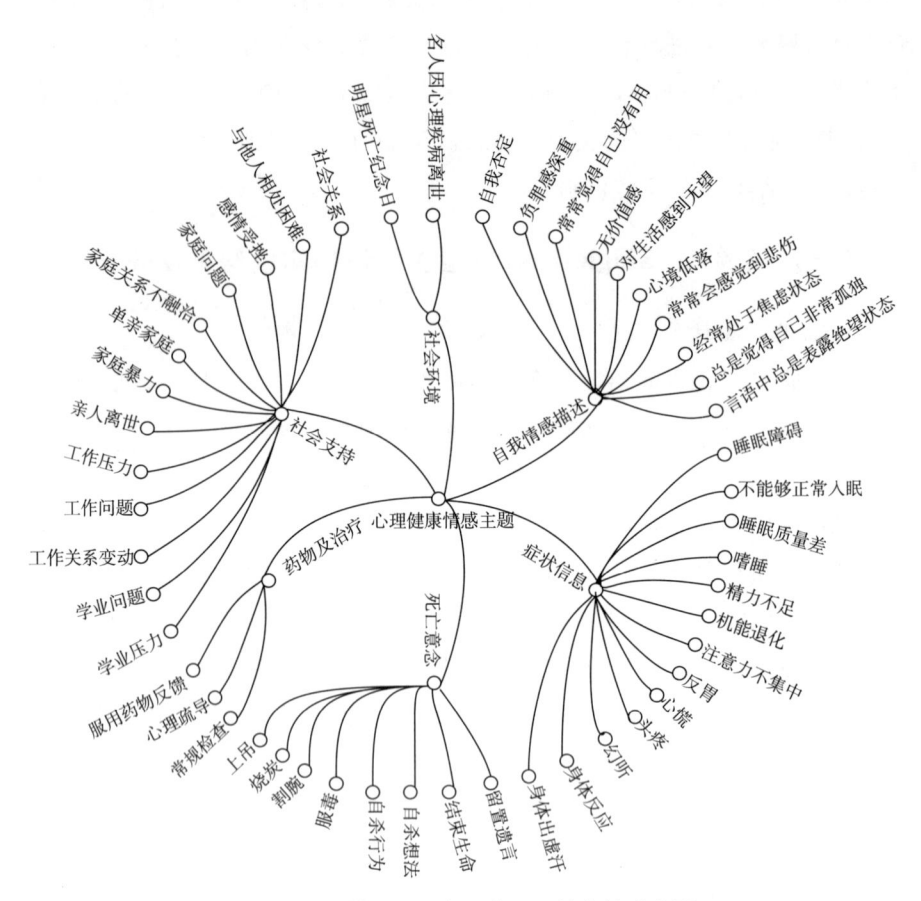

图 5-5 微博心理异常用户心理健康情感主题

的睡眠问题和生物钟可以反映出个体的心理健康风险，失眠状态与抑郁情绪或者自杀意念表现出强相关[1][2][3]关系。另外，在对文本进行聚类分析

---

[1] Woosley J A, Lichstein K L, Taylor D J, et al., Hopelessness Mediates the Relation Between Insomnia and Suicidal Ideation [J], Journal of Clinical Sleep Medicine：JCSM：Official Publication of the American Academy of Sleep Medicine, 2014, 10 (11): 1223.

[2] McCall W V, Batson N, Webster M, et al., Nightmares and Dysfunctional Beliefs About Sleep Mediate the Effect of Insomnia Symptoms on Suicidal Ideation [J], Journal of Clinical Sleep Medicine：JCSM：Official Publication of the American Academy of Sleep Medicine, 2013, 9 (2): 135.

[3] Ribeiro J D, Pease J L, Gutierrez P M, et al., Sleep Problems Outperform Depression and Hopelessness as Cross-sectional and Longitudinal Predictors of Suicidal Ideation and Behavior in Young Adults in the Military [J], Journal of Affective Disorders, 2012, 136 (3): 743-750.

时可以看到,"自我情感描述"和"疾病症状"是相互交叉的,分析其原因是心理疾病症状的出现加剧了患者心情的低落,同时情绪的低落也会导致心理疾病症状的持续。

第三,死亡意念的表达。心理异常患者在心理疾病持续发作的过程中,会反复出现死亡意念。例如:"我真的很害怕。当死亡逼近时,那些灵魂里黑暗阴冷孤寒的东西让我感到恐惧。""我以前特别害怕死亡,但不知道在什么时候自杀这个念头就出现在我的小脑袋里了。""烧炭尽量不要选择小旅馆,要选连锁酒店,因为小旅馆都是私人开的,太坑老板了。"这些文本里的"死亡、自杀、烧炭"都属于死亡意念的直接表达。这是因为,心理疾病患者意志活动呈显著持久的抑制状态。疾病初期仅仅是伴有情绪、认知、躯体的异常,随着消极悲观的思想及自责自罪、缺乏自信心念头的持续发展,疾病发展程度严重时常伴有自杀的观念或行为。心理疾病患者经常会有"结束生命即解脱""自己的存在是多余的"等念头,随着心理状态的加剧,会将自杀企图发展成自杀行为。

第四,社会支持。社会支持从某种程度来讲是心理异常患者的社会生活反映以及心理患病原因描述。例如:"感觉只有自己是多余的,我亲妈妈有自己的家庭和自己的孩子,我亲爸爸也有自己的家庭和自己的孩子,唯独我剩下了。""我爸爸重男轻女很严重,治不治疗已经无所谓了,就算吃药住院,回到这个丧气满满的家,还是会复发的,真的想离开这个城市永远不回来。""我明天要去学校了。好糟糕,现在我仍然是不想去学校的,可是没办法,我是所谓学生,我必须读书。可我现在真的满心忧愁。谁告诉我活着是为了什么?"在主题聚类分析过程中发现,此类文本在整个文本集中也占了相当大的比重。

在心理异常用户发布的文本中经常会提及家庭成员、学校、老师类名词,一方面反映了用户的亲属关系以及社会关系,另一方面还反映了用户患有心理健康问题的原因。从描述中可以看到相当一部分心理异常用户患有心理疾病来源于家庭关系不和谐、社交关系障碍、学业的压力以及其他亲属关系的重大变故。

第五,关于药物使用及治疗信息。例如:"昨晚睡不着,吃了安眠药。今天吃了碳酸锂,身上出了很多汗,感觉口特别干,手抖、恶心还持续了一段,不知道我这是不是典型的药物副作用,想努力地活着都不给我机会。""今天去看了医生，抽了血，还开了一堆治疗抑郁症的药。医生嘱咐药要按时按量吃，定期过来做心理疏导。这样做真的可以让我恢复到正常吗？"文本中"安眠药、碳酸锂、副作用、医生、心理疏导"都属于对药物使用及治疗信息的描述。心理健康异常的患者，不仅需要情绪缓解和心理疏导，更需要积极的药物治疗。特别是双相抑郁症患者，必须长期服用相关药物以实施有效干预。但是，随之而来的药物依赖以及不良反应问题也成为心理健康患者关注的话题。

第六，社会环境。社会环境指的是与心理异常用户相关的具有社会影响力的人物或者事件。例如："又到 4 月 1 号了，哥哥你在天堂还好吗？真的希望当年的你只是给我们开了一个愚人节玩笑，永远的哥哥，永远的张国荣。"特别值得注意的是，对心理健康异常用户文本进行聚类过程中发现此类文本在短期内会爆发式的增多。分析其原因是 4 月 1 日为愚人节，也是知名艺人张国荣因抑郁症自杀的日子，对于心理异常用户而言这是属于具有仪式感的事件。同时在不少心理异常用户文本中会出现关键词"走饭"，"走饭"也是一名自杀身亡的抑郁症患者，心理异常用户在涉及"走饭"的话题时通常也会表达死亡的意念。

2. 聚类结果评估

为验证本研究对算法优化的有效性，将对聚类结果评估与传统 Single-Pass 算法进行对比实验，对聚类结果采用基于相似性的度量，即 Rand 指数、Jaccard 系数以及 Adjusted Rand Index（ARI）参数，评估结果见表 5-1。

表 5-1　聚类结果评估

算法类别	评价指标		
	Rand 指数	Jaccard 系数	ARI 参数
改进的 Single-Pass 算法	0.772	0.628	0.527
传统 Single-Pass 算法	0.698	0.546	0.488

通过对边缘文本重处理后的 Single-Pass 算法（改进的 Single-Pass 算法）与传统 Single-Pass 算法在聚类结果上进行对比分析，可以看到相似性指数 Rand 指数、Jaccard 系数以及 Adjusted Rand Index 参数都有所提升，证明了

算法改进的有效性，提升了主题聚类的效果。

（二）实验 2：基于类簇的 LDA 潜在主题识别实验结果及分析

在完成了微博文本第一层聚类的基础上，采用 LDA 模型对主题类簇中的微博文本进行潜在主题的挖掘。在 LDA 主题识别过程中存在 3 个可变量，分别是超参数 α、β 和潜在主题数 K。因此在进行主题识别前，需要确定这 3 个可变量的最优值。本文把首层 Single-Pass 获得的主题类簇数当作潜在主题数 K 值，而 α、β 的取值可以根据经验来定，一般设为 $\alpha = 50/K$，$\beta = 0.01$。设置 Gibbs 抽样的迭代次数为 1000，设置保存 LDA 模型建模数据的 Gibbs 抽样的迭代间隔次数为 100，运用公式 5.14 进行反复迭代，最终得到主题和特征词的概率见表 5-2。

表 5-2 主题类簇下的特征词分布

主题 1		主题 2		主题 3		主题 4		主题 5		主题 6	
抑郁	0.4256	失眠	0.4341	死	0.5746	家	0.3412	安眠药	0.5413	张国荣	0.4413
绝望	0.4056	障碍	0.4135	自杀	0.5624	爸爸	0.3124	副作用	0.5317	"走饭"	0.4399
孤独	0.3891	感觉	0.4098	烧炭	0.5578	妈妈	0.3124	碳酸锂	0.5236	乔任梁	0.2282
焦虑	0.3612	出现	0.3742	割腕	0.5327	离婚	0.2516	服药	0.4816	愚人节	0.1425
哭	0.3569	发作	0.3656	跳楼	0.5148	单亲	0.2145	医生	0.4736	明星	0.1056
累	0.2916	出汗	0.3412	上吊	0.5032	出轨	0.1971	测试	0.2314	周年	0.0056
煎熬	0.2312	头疼	0.3319	放弃	0.2836	家暴	0.1763	确诊	0.2131	演唱会	0.0022
烦躁	0.1765	心慌	0.3214	结束	0.2319	上学	0.1053	疏导	0.1925	纪念	0.0022
苟活	0.1256	口干	0.2613	存在	0.1123	老师	0.1923	剂量	0.1325	天堂	0.0012
废物	0.1023	幻听	0.2136	活着	0.0923	学校	0.0923	控制	0.1002	永远	0.0006
……		……		……		……		……		……	

在主题识别的实验结果中基本上可看出心理异常用户比较关注的 6 类主题，例如，主题 2 主要是"症状"，主题 3 主要是"自杀意念"，主题 5 主要是"药物治疗"，而词语之后的数字则是该词汇对于该主题的贡献度。通过对实验数据的解析，表明本研究构建的 Singlepass-LDA 模型在主题的识别上表现良好，排列在前 n 个关键词具有典型的代表性，主题与主题之间具有

显著性差异，通过关键词可以较好地表示主题。

对主题识别的有效性检验仍采用查准率、召回率和 F 值。同时，为了验证本文构建的 Singlepass-LDA 主题层次模型的有效性，本研究利用 LDA 模型和 Singlepass-LDA 模型进行相同语料下的主题识别实验，对比实验结果见表 5-3。

表 5-3　主题识别对比实验结果

单位：个，%

模型	主题	人工标注特征词总数	系统标注特征词总数	系统正确标注特征词总数	准确率	召回率	F 值
Singlepass-LDA	1	5418	5207	4374	84	81	83
	2	4986	4632	3752	81	75	78
	3	3879	3614	3144	87	81	84
	4	786	698	544	78	69	73
	5	1457	1315	1038	79	71	75
	6	298	264	198	75	66	71
LDA	1	5418	4831	3816	79	71	75
	2	4986	4412	3353	76	67	71
	3	3879	3398	2786	82	72	76
	4	786	668	494	74	63	68
	5	1457	1298	973	75	67	71
	6	298	249	181	73	61	66

从表 5-3 的实验结果可以看出，结合了 Single-Pass 算法生成首层主题类簇的 LDA 主题识别模型在准确率、召回率和 F 值上的指标都优于仅使用 LDA 的主题识别模型。将 Singlepass 和 LDA 进行分层构建层次主题模型，对于微博类社交媒体文本具有极大的优势，由于微博文本流动性大、生成速度较快，运用聚类算法 Singlepass 可以快速并且有效地进行聚类，在首层聚类的基础上运用 LDA 进行隐式主题挖掘，从而实现主题识别的完整性和准确性。尤其是在首层算法里进行了边缘文本重处

理的优化，使得文本聚类的效果得到提升。这种方法在时间效率上也得到了显著提升。但是，需要指出的是本研究在特征提取时仅考虑了词频特征，没有考虑领域特征以及情感特征，因此，这两种模型在涉及心理健康相关词语的识别时表现不佳。在主题 4 和主题 6 的识别上，由于涉及大量命名实体，在特征选择方面没有有针对性地提出优化方案，这两个模型的表现都欠佳。

第五节　本章小结

本章构建了主题层次识别模型 Singlepass-LDA，对社交媒体心理异常用户心理健康文本进行情感主题识别。首先对 Single-Pass 聚类算法和 LDA 模型的基本理论进行了介绍，搭建了 Singlepass-LDA 模型框架，并从文本数据流程的角度对基于 Singlepass-LDA 的心理健康文本情感主题识别过程进行了详细的描述。

本研究在结合 Single-pass 和 LDA 优缺点的基础上，构建的层次主题识别模型 Singlepass-LDA 分为两层，首层使用 Single-pass 对微博文本进行主题的识别，形成粗粒度的文本聚类。针对 Single-Pass 算法比较依赖文本的输入顺序，存在误检率较高的问题，利用边缘文本重处理，来消减数据顺序对聚类的影响，实现 Single-Pass 聚类算法优化。在完成微博文本的第一层聚类的基础上，利用 LDA 对每个主题下的文本集进行深层次的识别，以发现簇中潜在主题。

以微博平台抽取的心理异常用户文本为实验数据，通过两个实验对本书所构建的模型进行验证。实验 1 利用 Single-Pass 聚类算法对心理异常用户文本进行主题的首层识别，形成粗粒度的主题类簇。通过改进算法与传统算法的对比实验来评估聚类结果，证明了本研究对算法优化的有效性。实验 2 在完成微博文本的第一层聚类的基础上，利用 LDA 对每个类簇下的文本集进行深层次的主题识别，以发现簇中潜在主题。为了验证本文构建的 Singlepass-LDA 主题层次模型的有效性，利用 LDA 模型和 Singlepass-LDA 模型进行相同语料下的主题识别实验，实验结果证明由 Singlepass 和 LDA 组成的主题层次模型相对于单独使用 LDA 模型，在准确率、召回率以及 F 值上都表现得良好，可以获得较好的主题识别效果。

第六章　社交媒体情感分析在心理健康领域的应用案例

心理状态的改变会直接通过情绪的变化表现出来。在心理健康问题的临床诊断中，对来访者心理健康状况进行评估的一个非常重要的指标是，是否具有持续性的负性情绪。根据负性情绪的强度以及存在症状的时间，可以对受访者的心理健康状态进行初步的识别和判断。因此，负性情绪的识别是心理健康研究的首要任务和关键步骤。持续的、高强度的负性情绪状态不仅给患者心理带来极大的创伤，同时还会给患者生理上带来严重的影响，导致患者生理器官功能的退化、行为能力的丧失。对于这些疾病的诊疗，虽然可以从身体上的症状进行识别，但是其根本症结还是在于心理病变，而这往往与负性情绪相关。

结合临床诊断来看，对于个体心理上出现的问题，最为关键并且有效的治疗阶段为早期阶段，即针对个体进行心理健康问题的早识别，然后再根据所识别出的问题进行干预和调节，即通常所说的心理援助。在传统的心理健康援助体系当中，由于个体自身和外部等诸多原因，个体心理健康状态识别呈现出滞后性，这样就会导致临床实践效果的不理想。由此，本文利用社交媒体情感分析对用户心理健康进行研究，主要是从负性情感识别和负性情感主题识别两个方面来着手。

一是判断社交媒体用户是否存在心理健康问题，首先从情绪指标来做初步判定，反映在本研究中主要为第 4 章内容，即将社交媒体用户负性情绪识别问题转化成对社交媒体用户发布的文本进行情感分类问题。在具体的心理健康研究应用中，通过对社交媒体文本情感的分类，将得出的正、负性分类结果作为判别心理异常用户的情绪特征。

二是对心理健康存在异常状态的用户，不仅需要通过情绪指标来判定，还需要结合其语言特征来进行筛选。在临床心理诊疗中，与正常人群相比，心理健康风险水平较高的人群在语言使用、会话主题等方面存在明显的差异。对来访者通过访谈、问诊的方式获取症状信息，语言功能信息可以判断出患者具体的疾病类别以及患病程度。因此，反映在本研究中主要为第5章内容，通过对用户文本内容的挖掘来获取用户心理健康情感主题，结合话题分析判断出用户心理疾病的相关类别范围。在具体的心理健康研究应用中，通过对社交媒体用户情感主题识别，将得到判别心理异常用户的负性情感主题特征。

因此，本研究对情感分类以及情感主题识别与心理健康之间的结构关系进行界定，其关系如图6-1所示。

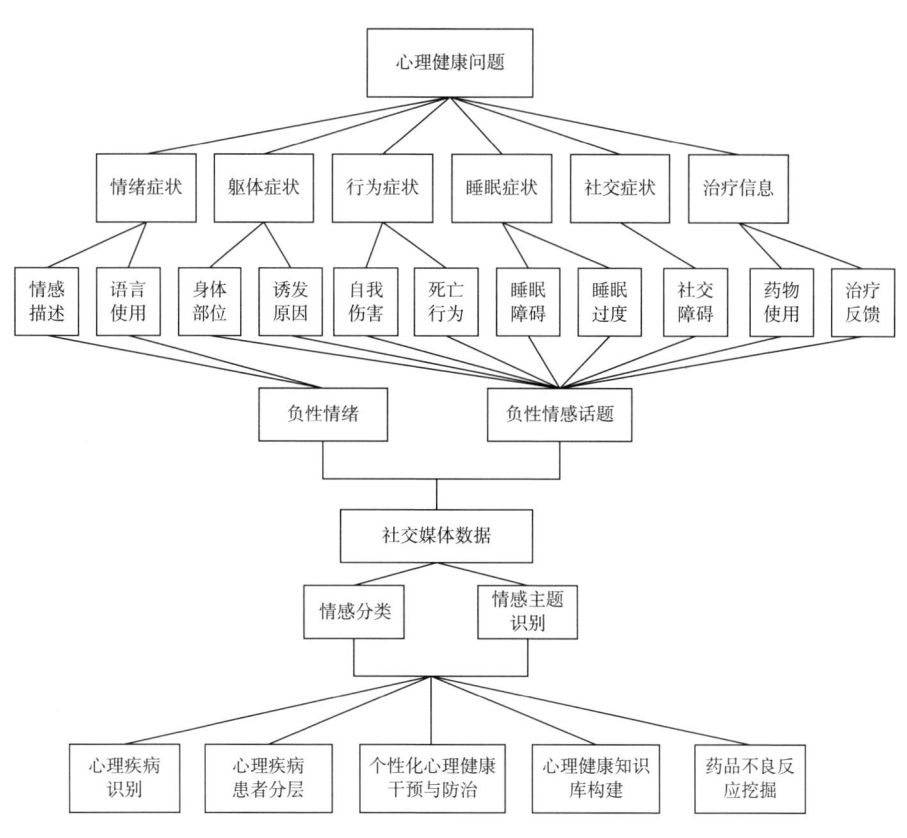

图6-1 情感分类与心理健康关系结构

第一节　社交媒体情感分析在心理健康领域的应用

通过本书所构建的情感分类模型可以得到社交媒体用户的情绪倾向性以及情绪值,通过情感主题识别模型能够从内容上识别社交媒体用户的关注重点。结合负性情绪的程度与话题分析可以在判别用户心理是否存在异常倾向的同时,还可以对用户具体的心理健康类别以及程度进行判断,这与临床心理诊疗的过程也是相吻合的,即通过情绪指标对来访者心理状态进行筛选,同时结合访谈、问诊等语言表达信息对来访者做进一步的判断和诊疗。利用社交媒体平台进行数据挖掘以实现心理健康自动识别体系是非常有意义的。社交媒体情感分析运用于心理健康领域的具体应用包含:心理疾病识别、心理疾病患者分层、药品不良反应挖掘、个性化心理健康预防与干预以及心理健康知识库的构建,具体描述见表6-1。

表6-1　社交媒体情感分析在心理健康领域的具体应用

具体应用	描述
心理疾病识别	通过对社交媒体用户情感分类来识别用户是否具有负性情感,以及利用社交媒体行为数据获取,判定用户负性情感持续时间。在此基础上,通过对用户文本内容的挖掘获取用户心理健康情感主题,结合话题分析判断出用户心理疾病的相关类别范围
心理疾病患者分层	对文本句子集的情感分类,可获取负性情感所占的比重,再结合文本时间特征,可初步判断患者的负性情绪程度。通过用户心理健康话题的提取,结合患者出现的症状、患者的角色、患者的社会关系等信息,可以将患者进行分层,将患者划分为不同的集合,使每个集合中的患者具有相似的特征。通过对同一集合和不同集合中患者特征的对比分析能够对心理健康干预策略进行优化,也能对心理疾病的症状做进一步的研究[1][2]
药品不良反应挖掘	与生理疾病不同的是,心理疾病患者在社交媒体平台上,往往会将用药过程中出现的症状信息与精神状态描述信息紧密相连,因此在社交媒体平台中会有较多用药以及治疗信息,通过对药物以及症状进行抽取能够对药物监督起到促进作用[3][4]
个性化心理健康预防与干预	个性化的心理健康教育起源于20世纪90年代,是国家提高国民医疗健康素质的手段。通过对社交媒体用户的情感话题进行聚类分析,能够判断心理健康异常用户关注的健康话题[5],从而向公众或个人用户推送定制的、个性化的心理健康知识,完成对公众心理健康的预防和干预[6]

续表

具体应用	描述
心理健康知识库的构建	通过对社交媒体用户情感主题以及关键词的识别和提取，能够挖掘隐含在患者经验中并未被提取的知识，隐含的心理健康知识对心理健康知识库的完善有着重要意义[7]

注：[1] Austin P C, Tu J V, Ho J E, et al., Using Methods from the Data-mining and Machine-learning Literature for Disease Classification and Prediction: A Case Study Examining Classification of Heart Failure Subtypes [J], Journal of Clinical Epidemiology, 2013, 66 (4): 398-407.

[2] Slingerland A S, Herman W H, Redekop W K, et al., Stratified Patient-centered Care in Type 2 Diabetes: A Cluster-randomized, Controlled Clinical Trial of Effectiveness and Cost-effectiveness. [J], Diabetes Care, 2013, 36 (10): 3054-3061.

[3] Gibbons R D, Amatya A K, Brown C H, et al., Post-approval Drug Safety Surveillance [J], Annu Rev Public Health, 2009, 31 (31): 419-437.

[4] Nikfarjam A, Health Information Extraction from Social Media [D], Arizona State University, 2016.

[5] 侯小妮、孙静：《北京市三甲医院门诊患者互联网健康信息查寻行为研究》，《图书情报工作》2015年第20期，第126~131页。

[6] Enwald H P, Huotari M L, Preventing the Obesity Epidemic by Second Generation Tailored Health Communication: an Interdisciplinary Review [J], Journal of Medical Internet Research, 2010, 12 (12): 24-26.

[7] Marceglia S, Fontelo P, Ackerman M J, Transforming Consumer Health Informatics: Connecting CHI Applications to the Health-IT Ecosystem [J], Journal of the American Medical Informatics Association, 2015: 26-30.

第二节　社交媒体用户抑郁状态识别框架

在整个心理健康问题体系当中，抑郁症（Depression）被世界卫生组织评定为当下最为严重的心理健康疾病。作为心理健康疾病的主要类型，抑郁症对人们的危害更为突出，并且抑郁症状在整个社会范围内更有普遍性。抑郁症不仅反映在个体心理上的情绪持续低落，在生理上也会伴有行为能力减弱、睡眠障碍突出、身体不适等症状，显示出患病率高、复发率高、致残率高和自杀率高的"四高"特点，因此，更值得我们重点关注。特别是抑郁症的情绪指标，表现为一种复合性的负性情绪，消沉、沮丧、失望、无助的状态明显且持续时间长；抑郁症伴随的焦虑症也是一种典型的负性情绪，表现为紧张不安并带有恐惧体验的情绪状态等。因此在对社交媒体用户抑郁状态进行识别的过程中，首先要对用户发布的文本进行情绪分类，从整体上判断用户的情绪值。

在本书第 3 章对心理异常用户与心理正常用户文本内容进行对比分析过程中发现，心理异常用户在社交媒体平台发布的文本主题和心理正常用户有极大的区别，心理异常用户更加关注自我情绪的发泄、疾病症状的描述等，关注的话题往往是与个体心理状态密切相关的事件。而心理正常用户关注的话题比较广泛，涉及政治、经济、文化、体育等社会生活的方方面面。因此，有效地识别心理异常用户在社交平台上发布的热点话题，有助于更深入地了解心理异常用户的心理特点，对识别用户心理健康状况以及开展有针对性的心理健康援助工作起到非常重要的作用。

值得注意的是，在对社交媒体用户进行心理状态识别时，除了对用户发布的文本进行数据挖掘和分析，同时也应该将用户在社交网络中的行为特征考虑在内。大量的学者证明了网络行为与抑郁状态、焦虑状态之间存在密切的联系。B. A. Erwin 等研究发现，社交焦虑的严重程度及投入在线社交活动的时间与网络使用水平存在正相关关系[1]。个体在网络社交平台的活跃度也是反映个体心理健康风险的重要指标，这个指标是以社交媒体用户与其他用户相互关注次数与其被关注次数的比值来衡量的，比值越高，说明个体用户与他人建立社交网络关系的愿望越强烈。特别是在参与的用户为普通用户的前提下，心理健康高风险用户在微博上的社交程度要显著低于普通用户，这一点在很多研究的结论中得到认证，低水平的社交关系程度是心理健康风险的一项重要体现[2][3][4]。

个体的睡眠问题和生物钟也可以从侧面反映出个体的心理健康风险。国外学者在研究报告中发现自杀行为与夜间睡眠障碍之间存在较强的关联，

---

[1] Erwin B A, Turk C L, Heimberg R G, et al., The Internet: Home to a Severe Population of Individuals with Social Anxiety Disorder? [J], Journal of Anxiety Disorders, 2004, 18 (5): 629-646.

[2] Duberstein P R, Conwell Y, Conner K R, et al., Poor Social Integration and Suicide: Fact or Artifact? A case-control Study [J], Psychological Medicine, 2004, 34 (7): 1331-1337.

[3] Dumais A, Lesage A D, Alda M, et al., Risk Factors for Suicide Completion in Major Depression: a case-control Study of Impulsive and Aggressive Behaviors in Men [J], American Journal of Psychiatry, 2005, 162 (11): 2116-2124.

[4] McGirr A, Paris J, Lesage A, et al., Risk Factors for Suicide Completion in Borderline Personality Disorder: a Case-control Study of Cluster B Comorbidity and Impulsive Aggression [J], The Journal of Clinical Psychiatry, 2007.

失眠状态与抑郁情绪或者自杀意念存在强相关[1][2][3]关系。我国学者也曾将"夜间活跃程度"特征（22点到次日上午6点）应用于针对用户抑郁水平的预测模型的建立[4]。管理等在研究中经过特征二列相关分析表明自杀可能性水平与"夜间活跃度"呈正相关关系，而在进一步的差异分析中，高自杀可能性组的"夜间活跃度"也要显著高于低自杀可能性组[5]。根据心理健康高风险用户的微博记录发现，有许多表达消极想法的微博是在夜间时段发布的。根据临床诊断以及结合网络心理学研究发现，个体在夜间的活跃率是判断个体心理健康状态甚至自杀可能性的重要指标。

综合上述分析，本章在利用第4章、第5章研究方法和研究结果的基础上，结合对社交媒体用户心理健康行为特征的分析，提出了社交媒体用户抑郁状态识别框架（如图6-2所示）。

第三节　社交媒体用户特征提取

由于微博用户发布的文本为短文本，为了判别微博用户的整体情绪值，本研究将单个用户的所有微博文本进行合并处理，即将用户的所有微博内容视为一个大的文本，在进行情感分类时采用句子级情感分析。对单个用户的每一条文本内容进行详细的分析，最终获得单个用户微博文本的情绪极性。对于负性情感特征以及负性情感主题特征，本研究采取本书第4章和第5章的方法。

---

[1] Woosley J A, Lichstein K L, Taylor D J, et al., Hopelessness Mediates the Relation Between Insomnia and Suicidal Ideation［J］, Journal of Clinical Sleep Medicine：JCSM：Official Publication of the American Academy of Sleep Medicine, 2014, 10（11）：1223.

[2] McCall W V, Batson N, Webster M, et al., Nightmares and Dysfunctional Beliefs About Sleep Mediate the Effect of Insomnia Symptoms on Suicidal Ideation［J］, Journal of Clinical Sleep Medicine：JCSM：Official Publication of the American Academy of Sleep Medicine, 2013, 9（2）：135.

[3] Ribeiro J D, Pease J L, Gutierrez P M, et al., Sleep Problems Outperform Depression and Hopelessness as Cross-sectional and Longitudinal Predictors of Suicidal Ideation and Behavior in Young Adults in the Military［J］, Journal of Affective Disorders, 2012, 136（3）：743-750.

[4] Wang X, Zhang C, Ji Y, et al., A Depression Detection Model Based on Sentiment Analysis in Micro-Blog Social Network［C］//Pacific-Asia Conference on Knowledge Discovery and Data Mining. Springer, Berlin, Heidelberg, 2013：201-213.

[5] 管理、郝碧波、程绮瑾等：《不同自杀可能性微博用户行为和语言特征差异解释性研究》，《中国公共卫生》2015年第3期，第349~352页。

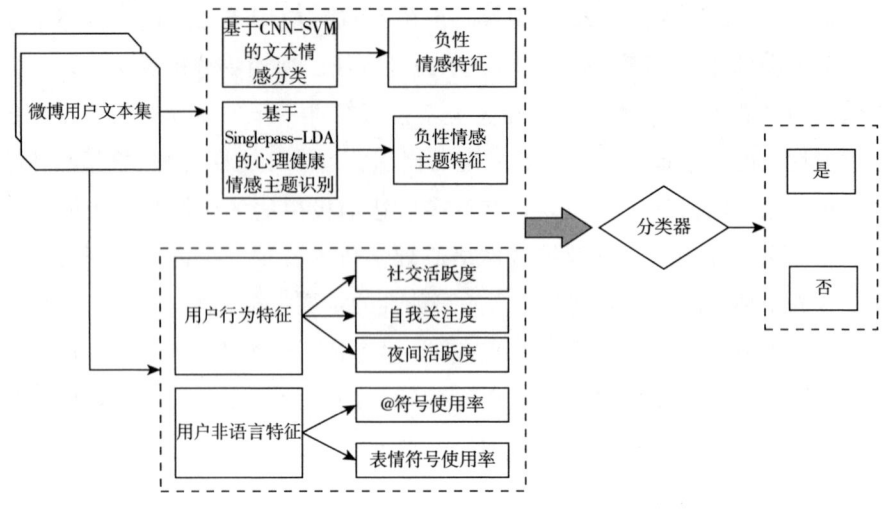

图 6-2　社交媒体用户抑郁状态识别框架

一　负性情感特征提取

负性情绪的识别是心理健康状态识别的首要任务和关键步骤。在对社交媒体用户抑郁状态进行识别的过程中，对用户的负性情绪识别主要是通过对用户发布的文本进行情感极性分类。微博用户发布的文本较为短小，在对情感分类时采取对文本集进行合并处理的方法，从整体上判断用户的情绪值。负性情感特征提取首先是对用户文本集进行情感判别，然后将分类后输出的情感类别结果进行特征表示，最终将文本情感类别为负的用 1 表示，文本情感类别为正的用 0 表示。

采取第 4 章构建的 CNN-SVM 模型，选择将多维特征组合作为情感分类的依据。多维特征融合了浅层文本特征、深层语义特征和社交网络关系特征。深层语义特征主要是由 CNN 模型输出的分布式句子语义特征；传统的浅层文本特征主要包括词性特征、情感特征、句式特征；社交网络关系特征主要是基于文本相似度和社交网络关系的微博情感相似度。

1. 深层语义特征

使用第 4 章对句子特征处理的 CNN 模型来获取深层语义特征。深层语义特征是把微博文本集的句子向量直接输入 CNN 模型中，通过 CNN 卷积层对局部特征进行提取和合并来分别获得每个句子的语义特征，最终经过池化层和全连接层处理得到每个微博用户的句子向量特征集。本研究将深层语义特征表示为 $F1$。

2. 浅层文本特征

浅层文本特征是处理一般文本时考虑应提取的特征，结合情感分类任务，包括词性特征、句式特征和情感特征。

（1）词性特征。中文文字包含动词、名词、形容词、副词、代词等十二大类的词性。结合微博语言短小、精练的特点，以及心理异常用户在情感表达时大量使用负面情绪的形容词、表示心理活动的动词等词类特点，本研究以句子级微博为研究粒度，选取的词性特征统计量有：微博文本中心理健康专有名词数量 $F2$、形容词数量 $F3$、动词数量 $F4$、副词数量 $F5$。

（2）句式特征。在对文本进行情感分析的过程中，需要将对整个句子情感倾向性起到反转作用的转折词和否定词作为特征词进行统计。本研究选择的句式特征为：微博中转折词的数量 $F6$、否定词的数量 $F7$。

（3）情感特征。情感词的使用最能直接反映文本发布者的情感状态，同时与情感词相匹配的表示情感强度的程度副词也是判断情感极性的重要特征统计量。因此，本研究选择的情感特征统计量为：微博文本中正性情感词数量、负性情感词数量、程度副词的相应权重，综合计算得出的微博句子情感得分 $F8$。

3. 社交网络关系特征

用户在社交网络中表达自己情感的同时也会受到同质性用户或者具有稳定社交关系用户的影响，这种网络关系不仅反映了用户之间的社交关系，同时还反映了用户之间的情感关系。对于具有同质性的用户，情绪之间的传递和感染更为明显，在对社交媒体心理异常用户的研究过程中发现，具有相同或类似负性心境的用户，其社交关系范围更为狭小，社交对象特点更为鲜明。因此，本研究选择的社交关系特征为 $F9$。

在对负性情感特征进行提取的过程中，本研究将深度学习模型 CNN 视为一个深层语义特征学习器，对文本的抽象特征进行自动学习和表示。将卷积和池化操作转化为分布式特征表示，有效地对句子进行向量表示，然后将该分布式特征表示传入支持向量机中，同时结合词性特征、情感特征、句式特征和社交网络关系特征将SVM作为分类器进行训练,进而预测测试集的情感倾向,并将最终输出结果作为判别用户抑郁状态的情感特征进行标记。

二 负性情感主题特征提取

患有心理疾病的用户,其心理异常状态最大的表征反映为负性情绪及负性情绪的持续时间。但是在临床心理诊疗中,心理疾病包含种类众多,仅仅通过负性情绪指标还不能对其心理疾病进行判定,需要深度挖掘其发布的文本内容,并作为心理疾病及其程度的判别依据。通过对心理异常用户发布的有关自我情绪发泄、疾病症状描述等信息的主题分析,可以获取与个体心理状态密切相关的话题和关键词。因此,在对社交媒体用户进行抑郁状态的识别过程中,将用户发布的文本中的负性情感主题作为特征之一,有利于从信息内容特征的角度来提高识别的准确性。对负性情感主题特征的提取主要采用的是本研究第5章构建的Singlepass-LDA层次主题识别模型。

1. Single-Pass的文本首层聚类

首先,运用Single-Pass算法对文本之间的空间距离使用余弦相似度算法计算,假设A和B为两个文本向量,则它们之间的空间距离通过两个文本向量的夹角余弦值来表示:

$$\cos\theta = \frac{\sum_1^n A_i \times B_i}{\sqrt{\sum_1^n A_i^2} \times \sqrt{\sum_1^n B_i^2}} \quad (6.1)$$

其次,对Single-Pass模型的缺陷进行优化,采用边缘文本重处理操作,与元文本进行相似度计算来实现对文本的聚类。由于聚类操作是单向的,已经进行聚类的样本,将不再参与聚类,即便属于错误分类也无法再被识别,此时受元文本动态变化的影响,整个聚类算法的正确率受到影响。确定每个类簇中边缘文本,进行聚类过程的重处理,来消减样本的输入顺序对Single-Pass聚类算法的影响。

2. LDA识别关键词分布

在对负性情感文本集进行主题建模时,利用LDA的概率分布模型对每

条微博文本进行语义表示,可以将每个微博用户的负性情感文本集视为多个主题的混合分布,记为:$P(z)$;对于每个微博语句可以用关键词表中的词语的概率分布来表示,可以标记为:$P(w|z)$。这样,文本集中的关键词的概率分布可以用公式6.2来表示:

$$P(w_i) = \sum_{j=1}^{T} P(w_i | z_i = j) P(z_i = j) \tag{6.2}$$

LDA 从 Single-Pass 聚类类簇中得到 β 的 Dirichlet 分布中抽取主题与词汇关系;当 LDA 生成一个文本时,再从参数为 α 的 Dirichlet 中抽取该文本与主题间的关系 θ_d;然后再从参数为 θ_d 的多项式分布中抽取出当前词汇所属的主题 Z_{dn};最终从参数主题与词汇关系的多项式分布中抽取出具体的词汇 W_{dn};这样经过模型 Single-Pass 初次聚类后用 LDA 进行主题生成的步骤如下:

(1) 对于每个主题,标记每个词汇的狄利克雷分布 $\beta_k \sim \text{Dirichlet}(\eta)$;

(2) 对于每一个微博句子,标记每个主题向量的狄利克雷分布 $\theta_d \sim \text{Dirichlet}(\alpha)$;

(3) 对每一个词汇,分配一个多项式主题分布 $Z_{dn} \sim \text{Multinomial}(\theta_d)$,词汇可以标记为 $w_{dn} \sim \text{Multinomial}(\beta_{zdn})$。

对属于心理异常用户话题的负性情感主题特征表示记为1,对于不属于心理异常用户话题的情感主题特征表示记为0。

三 行为特征提取

我们对数据样本中的微博用户进行统计,根据国内外研究结论,从静态与动态角度进行微博行为特征提取,微博用户行为数据具体见表6-2。为尽可能地保证数据样本的有效性,降低噪声,对用户行为特征指标进行统计学方法的处理,一般采用比值或者是特征计数的方式。采用 SPSS 19.0 软件进行统计分析,心理异常组用户发表微博数:中位数（M）为417.0,四分位间距（QR）为1523.0;平均活跃天数:中位数（M）为413.0,四分位间距（QK）为173.2。心理正常组用户发表微博数:中位数（M）为836.0,四分位间距（QR）为937.0;平均活跃天数:中位数（M）为636.0,四分位间距（QK）为198.2。数据表明,心理异常组用户和心理正常组用户都具有较深程度的微博使用,并且具有一定的在线社交水平。

表 6-2 微博用户行为特征指标

特征简称	特征说明
allow_ all_ act_ msg	是否允许所有人发私信给我:0代表不允许,1代表允许
allow_ all_ comment	是否允许所有人对我的微博进行评论:0代表不允许,1代表允许
followers_ count	用户的粉丝数
friends_ count	用户的关注数
bi_ followers_ count	用户之间的互关注人数
bi_ all_ followers_ rate	互关注数占总粉丝人数的比例
Link_ weibo_ rate	含有链接微博数占微博总数比例
re_ statuse_ class_ all	转发微博数与微博总数比例
@_ friends_ count	微博文本中@其他人的次数
I_ count	微博文本中第一人称单数使用次数
activity_ at_ midnight_ rate	用户在00:00至次日05:00发布微博数与微博文本总数比值

四 用户特征集

本书选择的用户行为特征包括:社交活跃度、自我关注度、夜间活跃度。用户非语言特征包括:@符号使用率、表情符号使用率。最终形成的单个用户特征集见表6-3。其中,社交活跃度的计算方法为微博用户互关注数与总粉丝数人数的比值;自我关注度的计算方法为用户第一人称单数的使用次数与微博句子数的比值;对用户的夜间活跃度计算为零点至次日五点发布的微博数与微博文本总数的比值;@符号使用率为用户微博句子集中@符号出现的频率;表情符号使用率为用户微博句子集中表情符号出现的频率。

表 6-3 微博用户抑郁状态识别特征集

特征指标		抑郁用户		非抑郁用户	
		A	B	C	D
微博句子数（条）		275	316	239	189
文本情感极性特征（文本情感极性是否为负，是为1，否为0）		0	0	1	1
文本主题特征（属于心理异常主题为1，不属于心理异常主题为0）		1	1	0	0
用户行为特征（％）	社交活跃度	6.8	5.6	22.3	36.5
	自我关注度	126	115	34.9	15.6
	夜间活跃度	32	45.3	5.6	6.7
用户非语言特征（％）	@符号使用率	3.7	9.7	39.7	49.7
	表情符号使用率	13.1	16.6	131	143

第四节　社交媒体用户抑郁状态识别实验

对于每个用户而言，其心理状况属于动态的、复杂的、多维的信息系统。由于受外界环境刺激以及脑内白质结构的影响，对于输入与输出信号之间存在复杂的非线性映射过程，个体信息系统表现出多变量、多层级的特征，并且各因素之间存在非线性作用。从某种程度上来说，个体心理健康状态的评估和判别属于非线性分类问题。因此，本研究在对社交媒体用户抑郁状态进行识别的过程中，采用SVM作为分类模型。

本章实验仍以微博用户为数据来源，采用参与抑郁量表（CES-D）和贝克自杀意念量表中文版（SSI）在线问卷调查来筛选活跃用户群体，从抑郁微博用户组选取200个账号，正常用户组选取200个账号，样本采集时间为2017年3月至6月发布的微博文本。按照4∶1的比例划分训练集和测试集。

一　数据归一化处理及参数选取

原始数据在取值上有较大的区别，需要在构建分类模型之前对数据进行归一化处理，若直接使用原始数据作为输入参数，可能导致数值较大，在模型的构建过程中出现分布不均衡的问题，会影响模型的分类性能。为保证度量空间上数据点均匀分布，需对数据进行统一格式的处理，采用函数进行映射：

$F: X \rightarrow Y, \{Y | y \in [-1, 1]\}$，其中，$X$为待映射原始数据集合，$Y$为映射后的数据集合，映射函数$F$为：

$$F = 2 \frac{x - x_{\min}}{x_{\max} - x_{\min}} - 1, x \in X 且 y \in Y \quad (6.3)$$

在公式6.3中，$x_{\min}$和$x_{\max}$分别是原始数据中各个指标的最小值和最大值。

在对数据样本进行预处理以后，随机抽取160个正样本和160个负样本作为训练数据集进行模型的训练。再将剩下的40个正样本和40个负样本作为测试集，用于对模型性能测试。通过评价指标对测试数据集的分类效果进行评估，来判断模型的优劣。训练集和测试集都采用统一映射函数来进行处理，以确保训练和测试模型具有同样的标准。对支持向量机的参数进行了随机选取，设定了惩罚参数$C = 10$，核参$\sigma = 5$，核函数采用径向基核函数：$K(x, y) = \exp(-\sigma \| x - y \|^2)$。

二 评价指标及实验结果

为了充分利用数据样本对模型性能的测试，一般采用K-fold来交叉验证。其详细的操作步骤为：把数据样本一共分为K组，对于K中间的每个子数据集轮流进行测试集操作，对除测试以外的$K-1$组子数据集进行模型的训练，一共要经过K轮的交叉验证，然后将所获得的测试集的准确率做平均化处理，最后获得的平均值就是该分类器的评价指标。本实验采取五折交叉进行验证。模型性能采用准确率、特异率和敏感度作为衡量指标。

$$Acc = \frac{TP + TN}{TP + FN + TN + FP} \quad (6.4)$$

$$Sen = \frac{TP}{TP + FN} \quad (6.5)$$

$$Spe = \frac{TN}{TN + FP} \quad (6.6)$$

上述公式中 A_{CC} 为测试的准确率；Sen 为测试的灵敏度，即能够识别出真抑郁症患者的能力；Spe 为测试的特异度，即排除非抑郁症患者的能力，TP 表示在测试集中被正确判断为正样本的个数；FN 为在测试集中被错判为负样本的个数；FP 表示在测试集中被错判为正样本的个数。

SVM 在对非线性问题分类时表现出优异的性能，但是在模型参数的选取上还需要根据实际性能进行选择。本研究将对径向基核函数、多项式核函数和线性核函数的分类预测效果进行对比，在设定相同惩罚参数和核参数的条件下，得出 SVM 的分类结果（见表 6-4）。

表 6-4 SVM 分类结果

单位：个,%

模型	惩罚参数	核参数	测试数据集						
			TP	FN	TN	FP	准确度	特异度	敏感性
RBF-SVM	10	5	39	1	37	3	95	92.5	97.5
Liner-SVM	10	5	36	4	34	6	87.5	85	90
Polynomial-SVM	10	5	38	2	35	5	91.3	87.5	95

从实验结果可以看出，对于构建的抑郁症预测模型来说，支持向量机大多数的参数选择可以达到很高的预测准确率。同时，还可以看到，结合负性情感特征、负性情感主题特征、用户社交活跃度、自我关注度、夜间活跃度、@符号使用率以及表情符号使用率，这 7 种特征组合的 SVM 分类模型，与通过人工发放抑郁量表（CES-D）和贝克自杀意念量表中文版（SSI）识别出的抑郁症用户结果进行对比，对于社交媒体用户的抑郁状态识别有着较高的识别能力。

第五节 本章小结

本章是对社交媒体情感分析结果的有用性论证，首先总结了社交媒体情感分析在心理健康领域的具体应用方向：心理疾病识别、心理疾病患者分层、药品不良反应挖掘、个性化心理健康预防与干预以及心理健康知识库的构建。其次选取社交媒体抑郁症用户识别作为应用案例。根据第 4 章、

第 5 章情感分类以及情感主题识别方法对用户发布的文本进行负性情感识别和负性情感主题识别，并标记用户负性情感特征与负性情感主题特征，结合用户行为特征以及用户非语言特征，判断社交媒体用户是否为抑郁患者。通过对不同核函数的选择，验证了 SVM 模型在准确率、特异度和敏感度上的良好表现，并通过人工复查的方式验证本分类模型的有效性。

第七章 结语

健康是人们安居乐业和创造和谐稳定社会的前提和保障，健康包括生理健康和心理健康两个方面。对于个体的成长和发展，保证身心达到一种完好、平衡的状态是进行正常社会活动的前提和基础。在当今社会发展变化日新月异的大背景下，生活节奏的加快、竞争压力的加剧，使个体心理健康问题日益突出，由此引发的社会安全问题也呈现上升态势，这一现象在全球范围内都较为明显，心理健康问题的普遍性和危害性已经引起当前社会的密切关注。随着社会化网络的快速发展，以Facebook、Twitter、微博等社交媒体平台为数据来源，实时以及自动获取用户情感及行为轨迹，为解决传统心理健康研究中关键的时效性问题、规模性问题和主动性问题提供了一个良好的契机。因此，怎样有效地利用社交媒体平台为用户心理健康研究提供数据支持，是一个非常有意义的课题。

本书从社交媒体用户情感分析的角度出发，在结合情感分析的内容和子任务的基础上，主要从社交媒体文本情感分类和心理健康情感主题识别两个方面展开。在深入分析心理健康异常用户语言的基础上，一方面将深度学习与传统机器学习技术相结合，实现对社交媒体用户的负性情绪识别；另一方面深入挖掘用户心理健康情感主题，在此基础上结合社交媒体用户行为特征，实现对用户心理健康状态的自动判别。

第一节 总结

本书选取微博文本作为社交媒体数据来源，主要研究工作如下。

第一，对与心理健康状态相关的社交媒体用户情感表达语言进行分析。社交媒体用户情感表达的语言特点是进行情感分析的基础。本书在前人研究的基础上，从词语类别、语义类别、语言风格等方面展开，以确定心理异常人群与心理正常人群语言特征的差异性。通过对心理异常用户和心理正常用户发布文本的对比，可以对与心理健康状态相关的社交媒体文本情感表达语言特点进行总结：（1）对于自我的关注度较深，频繁使用第一人称单数；（2）在文本的表达中多是陈述性、感觉性的自我描述信息，更加注重心理过程词；（3）更多地使用否定、消极的词语，对于事实的描述多采用负面意向的表达，对自我、周围环境以及社会人群表示否定；（4）会较多提及身体部位词以及感觉词、听觉词；（5）更多地使用与死亡、宗教相关的词语，更少提及未来词和与工作相关的词语；（6）在非文字语言使用方面，较少使用表情符号语言、标点符号语言、数字语言；（7）从语体特征角度，较少使用网络流行词、拟声词等网络语体，包含有结构较为完整的长句型，会出现现代诗的写作风格。在此基础上，提出了社交媒体用户情感分析框架。

第二，针对与社交媒体用户心理健康状态密切相关的负性情感识别问题，构建了混合多维特征的 CNN-SVM 模型对社交媒体用户心理健康文本进行情感分类。CNN-SVM 模型利用 CNN 作为句子深度学习特征的自动学习器，同时结合浅层学习文本特征以及社交关系特征将 SVM 作为情感分类器进行情感分类。在特征选取部分，引入深度学习特征、浅层学习特征以及社交网络关系特征的多维特征。在构建的多维特征深度学习模型中，首先将微博样本转换成句子向量，并将其输入 CNN 模型中，经过卷积层、池化层以及全局平均池化层操作及处理以后，由全局平均池化层输出样本的句子特征向量集，该向量集即为句子的分布式特征。然后，将句子的深层语义特征结合其他浅层特征输入 SVM 中对微博文本的情感极性进行分类。

使用微博平台抽取的心理正常用户及心理异常用户文本为实验数据，分为两个实验对本书所构建的模型进行验证。实验 1 为测试使用 4 组不同特征组合对情感分类影响的对比实验，证明了混合多维特征比单一的浅层学习特征效果更好，尤其是在与心理健康文本相关的情感分类时；实验 2 使用 3 组对比实验验证了本书所构建模型的有效性。实验结果证明了由 CNN 和 SVM 组成的深度学习模型能够提高分类精度，相对于单独使用传统浅层 SVM 模型以及 LSTM-SVM 模型，在准确率、召回率以及 F 值上都表现良好，可以获得更好的分类效果。

第三，针对心理异常用户在社交媒体平台发布的文本主题和心理正常用户有着极大的区别，构建了层次主题识别模型 Singlepass-LDA，对社交媒体心理异常用户发布的文本进行情感主题识别。该模型首层使用 Single-Pass 对微博文本进行粗粒度的文本聚类，在完成微博文本的第一层聚类的基础上，利用 LDA 对每个主题下的文本集进行深层次的识别，以发现簇中潜在主题。

以微博平台抽取的心理异常用户文本为实验数据，分为两个实验对本书所构建的模型进行验证。实验 1 利用 Single-Pass 聚类算法对心理异常用户文本进行主题的首层识别，形成主题类簇。实验结果表明，心理异常用户情感话题主要集中于六大类：自我情感描述、症状、死亡意念、药物与治疗、社会支持以及社会环境。实验 2 在完成微博文本的第一层聚类的基础上，利用 LDA 对每个类簇下的文本集进行深层次的主题识别，来发现簇中潜在主题。

第四，为了验证本文构建的 Singlepass-LDA 主题层次模型的有效性，利用 LDA 模型和 Singlepass-LDA 模型进行相同语料下的主题识别实验，实验结果证明了由 Singlepass 和 LDA 组成的主题层次模型相对于单独使用 LDA 模型，在准确率、召回率以及 F 值上都表现良好，可以获得较好的主题识别效果。

第五，本书对社交媒体情感分析结果的有用性论证。首先，总结了社交媒体情感分析在心理健康领域的具体应用方向；其次，选取社交媒体抑郁症用户识别作为应用案例。根据第 4 章、第 5 章情感分类以及情感主题识别方法及结果，结合用户行为特征以及用户非语言特征进行抑郁症用户分类。通过对不同核函数的选择，验证了 SVM 模型在准确率、特异性和敏感性上的良好表现，并通过与人工复查的方式验证本分类模型的有效性。

第二节　研究不足之处

本书主要采用社交媒体情感分析的方法对社交媒体用户心理健康文本进行情感分类与情感主题识别。研究中，构建的 CNN-SVM 模型和 Singlepass-LDA 模型在分别处理情感分类与情感主题识别任务时都取得了良好的表现，但是仍存在不足，期望在以后的研究中进行改进和完善。

一是在对社交媒体用户心理健康文本进行情感分类时，本研究只是采用了简单的情感二分类，即正性与负性情感识别。从临床心理学研究来讲，对心理异常用户进行心理健康状况诊断时，必须有针对性地识别情感类别。

因此，在对心理健康用户进行识别的过程中会出现范围过大的现象。

二是在对心理健康情感主题进行识别时，本研究只是对算法和模型进行了优化和改进，但是在特征选择和抽取上没有做过多的处理。在机器学习中，特征工程的处理会直接影响到模型的准确度，这也是本书在第5章实验2模型评价中，在对主题4和主题6进行主题识别时，由于在心理健康文本中涉及大量领域词汇，在特征选择方面没有有针对性地提出优化方案，出现准确率、召回率较低的原因。

三是在对社交媒体用户行为特征进行分析时，仅对集体关注度、社交活跃度和夜间活跃度3项指标进行了验证分析，这与本研究角度也有关，本文主要是对社交媒体用户心理健康文本进行挖掘，因此，没有深入研究社交媒体用户行为。

四是本研究在数据样本获取时，主要是抓取已确认为抑郁症患者或者是自杀用户的微博文本。虽然目前抑郁症发病率最高，但是在心理健康领域还包含焦虑（Anxiety）、精神分裂（Schizophrenia）、双相情感障碍（Bipolar Disorder）、强迫症（Obsessive-compulsive）等诸多的心理疾病，本研究所提出的方法的通用性和普适性还需要进一步完善。

第三节　研究展望

随着社交媒体与社会生活的高度融合以及人们对心理健康的日益重视，相关的研究也必将成为今后研究的新热点，未来还有很多研究角度值得我们进一步地探讨。

本文主要关注抑郁症患者等心理疾病患者的心理健康识别与预警，但是在现实中，利用社交媒体进行心理健康分析所适用的范围还远远不止这些，在后续的研究中还可以考虑反社会人格预测、社会安全监控、心理健康患者分层、心理疾病药物不良反应知识构建等方面。

心理健康一直呈现出与医疗健康分离的状况。如何将心理健康数据和电子病历成功整合，构建完善的心理健康数据资源库是以后考虑的方向。从国外研究来看，其已有较为成熟的心理健康文本处理工具、心理健康词典以及标注的心理健康语料库（抑郁症词库）。而国内在对心理健康方面的研究还比较欠缺，对中文心理健康文本处理工具、中文心理健康语料库的建设是进行心理健康研究的重要基础。

　　本书在对社交媒体用户进行心理健康研究时，主要是对社交媒体用户发布的文本进行情感分析以及数据挖掘。但是不可忽视的是，在社交平台上还存在海量图片、视频类非文本信息。根据哈佛大学数据科学、心理科学相关领域的研究者最新报告显示，社交媒体平台上由用户生成的照片与其心理健康状态之间也存在紧密联系。因此，在后续的研究中可以从社交图片信息处理的角度来对该课题做进一步的延伸。

参考文献

[1] Abbasi A, Chen H, Salem A, Sentiment Analysis in Multiple Languages [J], Acm Transactions on Information Systems, 2015, 26（3）：1-34.

[2] Abdelwahab A, Alqasemi F, Abdelkader H, Enhancing the Performance of Sentiment Analysis Supervised Learning Using Sentiments Keywords Based Technique [C] // International Conference on Computer Science, Information Technology and Applications. 2017：107-116.

[3] Abelson R P, Whatever Became of Consistency Theory? [J], Personality and Social Psychology Bulletin, 1983, 9（1）：37-54.

[4] Amrani Y, Lazaar M, Elkadiri K E, Sentiment Analysis Using Supervised Classification Algorithms [C] // International Conference on Big Data, Cloud and Applications. ACM, 2017：61-67.

[5] Austin P C, Tu J V, Ho J E, et al., Using Methods from the Data-mining and Machine-learning Literature for Disease Classification and Prediction：A Case Study Examining Classification of Heart Failure Subtypes [J], Journal of Clinical Epidemiology, 2013, 66（4）：398-407.

[6] Bai S, Yuan S, Hao B, et al., Predicting Personality Traits of Microblog Users [J], Web Intelligence and Agent Systems：An International Journal, 2014, 12（3）：249-265.

[7] Baroni M, Dinu G, Kruszewski G. Don't Count, Predict! A Systematic Comparison of Context-counting vs. Context-predicting Semantic Vectors [C] // Meeting of the Association for Computational Linguistics. 2014：238-247.

[8] Batista F, Ribeiro R, Sentiment Analysis and Topic Classification Based on Binary Maximum Entropy Classifiers [J], Procesamiento Del Lenguaje Natural, 2013, 50：77-84.

[9] Becker M W, Alzahabi R, Hopwood C J, Media Multitasking is Associated with Symptoms of Depression and Social Anxiety [J], Cyberpsychology, Behavior, and Social Networking, 2013, 16 (2): 132-135.

[10] Bloom K, Garg N, Argamon S, Extracting Appraisal Expressions [C] // HLT-NAACL. 2007, 2007: 308-315.

[11] Bower G H, Mood and Memory [J], American Psychologist, 1981, 36 (2): 129-148.

[12] Brunswik E, Perception and the Representative Design of Psychological Experiments [M], Univ of California Press, 1956.

[13] Campos V, Salvador A, Giro-I-Nieto X, et al., Diving Deep into Sentiment: Understanding Fine-tuned CNNs for Visual Sentiment Prediction [J], 2015: 57-62.

[14] Ceyhan A A, Ceyhan E, Loneliness, Depression, and Computer Self-efficacy as Predictors of Problematic Internet Use [J], CyberPsychology & Behavior, 2008, 11 (6): 699-701.

[15] Chang C C, Lin C J, LIBSVM: A Library for Support Vector Machines [J], Acm Transactions on Intelligent Systems & Technology, 2011, 2 (3): 1-27.

[16] Chen C, Ren J, An Improved PLDA Model for Short Text [C] // International Conference on Applications of Natural Language to Information Systems. Springer, Cham, 2017: 58-70.

[17] Chen T, Chen H, Universal Approximation to Nonlinear Operators by Neural Networks with Arbitrary Activation Functions and its Application to Dynamical Systems [J], IEEE Transactions on Neural Networks, 1995, 6 (4): 911-917.

[18] Cho K, Merrienboer B V, Gulcehre C, et al., Learning Phrase Representations using RNN Encoder-Decoder for Statistical Machine Translation [J], Computer Science, 2014: 346-355.

[19] Choudhury M D, Counts S, Horvitz E, Predicting Postpartum Changes in Emotion and Behavior Via Social Media [C] // Sigchi Conference on Human Factors in Computing Systems. ACM, 2013: 3267-3276.

[20] Choudhury M D, Counts S, Horvitz E, Social Media as a Measurement Tool of Depression in Populations [C] // ACM Web Science Conference. ACM, 2013: 47-56.

[21] Choudhury M D, De S, Mental Health Discourse on Reddit: Self-disclosure, Social Support, and Anonymity [C] // 2014.

[22] Chung C, Pennebaker J W, The Psychological Functions of Function Words [J], Social communication, 2007: 343-359.

[23] Collobert R, Weston J, Bottou L, et al., Natural Language Processing (Almost) from Scratch [J], Journal of Machine Learning Research, 2011, 12 (Aug): 2493-2537.

[24] Coppersmith G, Hilland C, Frieder O, et al., Scalable Mental Health Analysis in the Clinical Whitespace Via Natural Language Processing [C] // Biomedical & Health Informatics (BHI), 2017 IEEE EMBS International Conference on. IEEE, 2017: 393-396.

[25] Correa T, Hinsley A W, De Zuniga H G, Who Interacts on the Web?: The Intersection of Users' Personality and Social Media Use [J], Computers in Human Behavior, 2010, 26 (2): 247-253.

[26] Cortes C, Vapnik V, Support Vector Machine [J], Machine learning, 1995, 20 (3): 273-297.

[27] Darwin C, Bynum W F, The Origin of Species by Means of Natural Selection, or the Preservation of Favored Races in the Struggle for Life [M], AL Burt, 2009.

[28] Darwin C, The Expression of the Emotions in Man and Animals [M], Oxford University Press, USA, 1998.

[29] Dave K, Pennock D M, Pennock D M, Mining the Peanut Gallery: Opinion Extraction and Semantic Classification of Product Reviews [C] // International Conference on World Wide Web. ACM, 2003: 519-528.

[30] De Choudhury M, Counts S, Horvitz E J, et al., Characterizing and Predicting Postpartum Depression from Shared Facebook Data [C] // Proceedings of the 17th ACM conference on Computer supported cooperative work & social computing. ACM, 2014: 626-638.

[31] De Choudhury M, Gamon M, Counts S, et al., Predicting Depression via Social Media [J], ICWSM, 2013, 13: 1-10.

[32] Dey L, Chakraborty S, Biswas A, et al., Sentiment Analysis of Review Datasets Using Naive Bayes and KNN Classifier [J], 2016.

[33] Dong L, Wei F, Zhou M, et al., Adaptive Multi-Compositionality for Recursive Neural Models with Applications to Sentiment Analysis [C] // AAAI. 2014: 1537-1543.

[34] Dredze M, Cheng R, Paul M J, et al., Health Tweets. Org: A Platform for Public Health Surveillance Using Twitter [C] //AAAI Workshop on the World Wide Web and Public Health Intelligence. 2014: 593-596.

[35] Duberstein P R, Conwell Y, Conner K R, et al., Poor Social Integration and Suicide: Fact or Artifact? A Case-control Study [J], Psychological medicine, 2004, 34 (7): 1331-1337.

[36] Dumais A, Lesage A D, Alda M, et al., Risk Factors for Suicide Completion in Major Depression: A Case-control Study of Impulsive and Aggressive Behaviors in Men [J], American Journal of Psychiatry, 2005, 162 (11): 2116-2124.

[37] Ekman P, Friesen W V, O'sullivan M, et al., Universals and Cultural Differences in the Judgments of Facial Expressions of Emotion [J], Journal of personality and social psychology, 1987, 53 (4): 712.

[38] Enwald H P, Huotari M L, Preventing the Obesity Epidemic by Second Generation Tailored Health Communication: An Interdisciplinary Review [J], Journal of Medical Internet Research, 2010, 12 (12): 24-26.

[39] Erwin B A, Turk C L, Heimberg R G, et al., The Internet: Home to A Severe Population of Individuals with Social Anxiety Disorder? [J], Journal of anxiety disorders, 2004, 18 (5): 629-646.

[40] Fang A, Macdonald C, Ounis I, et al., Using Word Embedding to Evaluate the Coherence of Topics from Twitter Data [C] //Proceedings of the 39th International ACM SIGIR conference on Research and Development in Information Retrieval. ACM, 2016: 1057-1060.

[41] Fang J, Chen B, Incorporating Lexicon Knowledge Into SVM Learning to

Improve Sentiment Classification: US, US8352405 [P], 2013.

[42] Feldman R, Techniques and Applications for Sentiment Analysis [J], Communications of the ACM, 2013, 56 (4): 82-89.

[43] Field T A, Clinical Mental Health Counseling: A 40-Year Retrospective [J], Journal of Mental Health Counseling, 2017, 39 (1): 1-11.

[44] Fu G, Wang X, Chinese Sentence-level Sentiment Classification Based on Fuzzy Sets [C] //Proceedings of the 23rd International Conference on Computational Linguistics: Posters. Association for Computational Linguistics, 2010: 312-319.

[45] Gal Y, Ghahramani Z, A Theoretically Grounded Application of Dropout in Recurrent Neural Networks [C] //Advances in neural information processing systems. 2016: 1019-1027.

[46] Ghiassi M, Zimbra D, Lee S, Targeted Twitter Sentiment Analysis for Brands Using Supervised Feature Engineering and the Dynamic Architecture for Artificial Neural Networks [J], Journal of Management Information Systems, 2016, 33 (4): 1034-1058.

[47] Gibbons R D, Amatya A K, Brown C H, et al., Post-approval Drug Safety Surveillance [J], Annu Rev Public Health, 2009, 31 (31): 419-437.

[48] Glorot X, Bordes A, Bengio Y, Deep Sparse Rectifier Neural Networks [J], Journal of Machine Learning Research, 2011, 15.

[49] Golbeck J, Robles C, Turner K, Predicting Personality with Social Media [C] //CHI'11 extended abstracts on human factors in computing systems. ACM, 2011: 253-262.

[50] Hai Z, Chang K, Kim J, Implicit Feature Identification via Co-occurrence Association Rule Mining [J], Computational Linguistics and Intelligent Text Processing, 2011: 393-404.

[51] Hamburger Y A, Ben-Artzi E, The Relationship Between Extraversion and Neuroticism and the Different Uses of the Internet [J], Computers in human behavior, 2000, 16 (4): 441-449.

[52] Harvey M T, Luiselli J K, Wong S E, Application of Applied Behavior

Analysis to Mental Health Issues [J], Psychological Services, 2009, 6 (3): 212-222.

[53] Hatfield E, Cacioppo J T, Rapson R L, Emotional Contagion [J], Current Directions in Psychological Science, 1993, 2 (3): 96-100.

[54] Hatzivassiloglou V, McKeown KR, Predicting the Semantic Orientation of Adjectives. In: Proc. of the EACL'97. Morristown: ACL, 1997, 174-181.

[55] He K, Zhang X, Ren S, et al., Delving Deep into Rectifiers: Surpassing Human-Level Performance on ImageNet Classification [J], 2015: 1026-1034.

[56] Hearst M A, Support Vector Machines [J], IEEE Intelligent Systems & Their Applications, 2002, 13 (4): 18-28.

[57] Heinrich G, "Infinite LDA" -Implementing the HDP with Minimum Code Complexity [J], Technical Note, 2012.

[58] Herrman H, Saxena S, Moodie R, et al., Promoting Mental Health: Concepts, Emerging Evidence, Practice: A Report of the World Health Organization, Department of Mental Health and Substance Abuse in collaboration with the Victorian Health Promotion Foundation and the University of Melbourne [J], 2005.

[59] Hu M, Liu B, Mining and Summarizing Customer Reviews [C] // Tenth ACM SIGKDD International Conference on Knowledge Discovery and Data Mining, Seattle, Washington, Usa, August. DBLP, 2004: 168-177.

[60] Hu M, Liu B, Mining Opinion Features in Customer Reviews [C] // AAAI. 2004, 4 (4): 755-760.

[61] Hu X, Tang J, Gao H, et al., Unsupervised Sentiment Analysis with Emotional Signals [C] //International Conference on World Wide Web. ACM, 2013: 607-618.

[62] Hu X, Tang L, Tang J, et al., Exploiting Social Relations for Sentiment Analysis in Microblogging [C] //ACM International Conference on Web Search and Data Mining. ACM, 2013: 537-546.

[63] Huang B, Yang Y, Mahmood A, et al., Microblog Topic Detection

Based on LDA Model and Single-Pass Clustering [C] // International Conference on Rough Sets and Current Trends in Computing. Springer Berlin Heidelberg, 2012: 166-171.

[64] Huang L X, Du H Q, A Web-based Management System on Undergraduates Psychological Archives Establishment [J], Journal of Baoding Teachers College, 2006, 26 (3): 43-45.

[65] Hussein E D M, A Survey on Sentiment Analysis Challenges [J], Journal of King Saud University-Engineering Sciences, 2016 (4): 268-277.

[66] Jin W, Ho H H, Srihari R K, Opinion Miner: A Novel Machine Learning System for Web Opinion Mining and Extraction [C] //Proceedings of the 15th ACM SIGKDD international conference on Knowledge discovery and data mining. ACM, 2009: 1195-1204.

[67] Joachims T, Text Categorization with Support Vector Machines: Learning with Many Relevant Features [J], Machine learning: ECML-98, 1998: 137-142.

[68] Kalchbrenner N, Grefenstette E, Blunsom P, A Convolutional Neural Network for Modelling Sentences [J], arXiv preprint arXiv, 2014: 3312-3320.

[69] Kim Y, Convolutional Neural Networks for Sentence Classification [J], arXiv preprint arXiv, 2014: 1408-1419.

[70] Kobayashi N, Inui K, Matsumoto Y, et al., Collecting Evaluative Expressions for Opinion Extraction [J], Natural Language Processing-IJCNLP 2004, 2005: 596-605.

[71] Koelkebeck K, Uwatoko T, Tanaka J, et al., How Culture Shapes Social Cognition Deficits in Mental Disorders-A Review [J], Social Neuroscience, 2016, 10 (4): 18-23.

[72] Krech D, Crutchfield R S, Ballachey E L, Individual in Society: A Textbook of Social Psychology. [J], 1962, 1962 (1962): 1-99.

[73] Kumar A, Sebastian T M, Sentiment Analysis: A Perspective on its Past, Present and Future [J], International Journal of Intelligent Systems & Applications, 2012, 4 (10).

[74] Landgrebe T C W, Duin R P W, Efficient Multiclass ROC Approximation by Decomposition via Confusion Matrix Perturbation Analysis [M], IEEE Computer Society, 2008.

[75] Lapata M, Mitchell J, Vector-based Models of Semantic Composition [C] // Meeting of the Acl. 2008: 236-244.

[76] Lebret R, Collobert R, Rehabilitation of Count-based Models for Word Vector Representations [J], Lecture Notes in Computer Science, 2015, 9041: 417-429.

[77] Lecun Y, Bengio Y, Hinton G, Deep Learning [J], Nature, 2015, 521 (7553): 436-444.

[78] Lee R, Wakamiya S, Sumiya K, Discovery of Unusual Regional Social Activities Using Geo-tagged Microblogs [J], World Wide Web-internet & Web Information Systems, 2011, 14 (4): 321-349.

[79] Lerner D, Henke R M, What Does Research Tell Us About Depression, Job Performance, and Work Productivity? [J], Journal of Occupational & Environmental Medicine, 2008, 50 (50): 401-410.

[80] Levy O, Goldberg Y. Dependency-Based Word Embeddings [C] // Meeting of the Association for Computational Linguistics. 2014: 302-308.

[81] Levy O, Goldberg Y, Neural Word Embedding as Implicit Matrix Factorization [J], Advances in Neural Information Processing Systems, 2014, 3: 2177-2185.

[82] Li Y, Li W, Li S, A Hierarchical Knowledge Representation for Expert Finding on Social Media [C] //ACL (2) . 2015: 616-622.

[83] Lim K W, Chen C, Buntine W, Twitter-Network Topic Model: A Full Bayesian Treatment for Social Network and Text Modeling [C] // NIPS 2013 Workshop: Topics Model: Computation, Application, and Evaluation. 2013: 4-4.

[84] Lin C, He Y, Everson R, et al., Weakly Supervised Joint Sentiment-topic Detection from Text [J], IEEE Transactions on Knowledge and Data engineering, 2012, 24 (6): 1134-1145.

[85] Liu B, Sentiment Analysis and Opinion Mining [J], Synthesis Lectures on Human Language Technologies. 2012, 5 (1): 1-167.

[86] Lu Y, Zhai C X, Sundaresan N, Rated Aspect Summarization of Short Comments [C] //Proceedings of the 18th international conference on World wide web. ACM, 2009: 131-140.

[87] Ma C, Prendinger H, Ishizuka M, Emotion Estimation and Reasoning Based on Affective Textual Interaction [J], Affective computing and intelligent interaction, 2005: 622-628.

[88] Maas A L, Daly R E, Pham P T, et al., Learning Word Vectors for Sentiment Analysis [C] // Meeting of the Association for Computational Linguistics: Human Language Technologies. Association for Computational Linguistics, 2011: 142-150.

[89] Maas A L, Hannun A Y, Ng A Y., Rectifier Nonlinearities Improve Neural Network Acoustic Models [C] //Proc. ICML. 2013, 30 (1).

[90] Manek A S, Shenoy P D, Mohan M C, et al., Aspect Term Extraction for Sentiment Analysis in Large Movie Reviews Using Gini Index Feature Selection Method and SVM Classifier [J], World wide web, 2017, 20 (2): 135-154.

[91] Marceglia S, Fontelo P, Ackerman M J, Transforming Consumer Health Informatics: Connecting CHI Applications to the Health-IT Ecosystem [J], Journal of the American Medical Informatics Association, 2015: 26-30.

[92] Mathers C D, Loncar D, Projections of Global Mortality and Burden of Disease from 2002 to 2030 [J], PLoS medicine, 2006, 3 (11): e442.

[93] McCall W V, Batson N, Webster M, et al., Nightmares and Dysfunctional Beliefs About Sleep Mediate the Effect of Insomnia Symptoms on Suicidal Ideation [J], Journal of clinical sleep medicine: JCSM: official publication of the American Academy of Sleep Medicine, 2013, 9 (2): 135.

[94] McGirr A, Paris J, Lesage A, et al., Risk Factors for Suicide Completion in Borderline Personality Disorder: A Case-control Study of Cluster B Comorbidity and Impulsive Aggression [J], The Journal of clinical psychiatry, 2007.

[95] Mehrabian A, Analysis of the Big - five Personality Factors in Terms of the PAD Temperament Model [J], Australian Journal of Psychology,

1996, 48 (2): 86-92.

[96] Mikolov T, Chen K, Corrado G, et al., Efficient Estimation of Word Representations in Vector Space [J], arXiv preprint arXiv: 1301.3781, 2013.

[97] Mikolov T, Yih W T, Zweig G, Linguistic Regularities in Continuous Space Word Representations [J], In HLT-NAACL, 2013.

[98] Miller G A, Beckwith R, Fellbaum C, et al., Introduction to WordNet: An On-line Lexical Database [J], International Journal of Lexicography, 1990, 3 (4): 235-244.

[99] Mowery D, Bryan C, Conway M, Feature Studies to Inform the Classification of Depressive Symptoms from Twitter Data for Population Health [J], 2017: 1701-1709.

[100] Nikfarjam A, Health Information Extraction from Social Media [D], Arizona State University, 2016.

[101] Nofsinger J R, Social Mood and Financial Economics [J], The Journal of Behavioral Finance, 2005, 6 (3): 144-160.

[102] Nowlis V, Nowlis H H, The Description and Analysis of Mood [J], Annals of the New York Academy of Sciences, 1956, 65 (1): 345-355.

[103] Oatley K, Johnson-Laird P N, Towards A Cognitive Theory of Emotions [J], Cognition and emotion, 1987, 1 (1): 29-50.

[104] Ortony A, Turner T J, What's Basic About Basic Emotions? [J], Psychological review, 1990, 97 (3): 315.

[105] Osgood C E, Dimensionality of the Semantic Space for Communication via Facial Expressions [J], Scandinavian journal of Psychology, 1966, 7 (1): 1-30.

[106] Osgood C E, The Nature and Measurement of Meaning [J], Psychological bulletin, 1952, 49 (3): 197.

[107] Pang B, Lee L, Seeing Stars: Exploiting Class Relationships for Sentiment Categorization with Respect to Rating Scales [C] // Proceedings of the 43rd annual meeting on association for computational linguistics, Association for Computational Linguistics, 2005: 115-124.

[108] Pannala N U, Nawarathna C P, Jayakody J T K, et al., Supervised Learning Based Approach to Aspect Based Sentiment Analysis [C] // Computer and Information Technology (CIT), 2016 IEEE International Conference on. IEEE, 2016: 662-666.

[109] Park G, Schwartz H A, Eichstaedt J C, et al., Automatic Personality Assessment Through Social Media Language [J], Journal of personality and social psychology, 2015, 108 (6): 934.

[110] Pennington J, Socher R, Manning C, Glove: Global Vectors for Word Representation [C] // Conference on Empirical Methods in Natural Language Processing. 2014: 1532-1543.

[111] Plutchik R, The Nature of Emotions Human Emotions Have Deep Evolutionary Roots, A Fact that May Explain their Complexity and Provide Tools for Clinical Practice [J], American scientist, 2001, 89 (4): 344-350.

[112] Power M, Dalgleish T, Cognition and Emotion: From Order to Disorder [M]. Psychology press, 2015.

[113] Prabowo R, Thelwall M, Sentiment Analysis: A Combined Approach [J], Journal of Informetrics, 2009, 3 (2): 143-157.

[114] Qiu L, Leung A K, Ho J H, et al., Understanding the Psychological Motives Behind Microblogging [J], Stud Health Technol Inform, 2010, 154: 140-144.

[115] Quan C, Ren F, Construction of A Blog Emotion Corpus for Chinese Emotional Expression Analysis [C] //Proceedings of the 2009 Conference on Empirical Methods in Natural Language Processing: Association for Computational Linguistics, 2009: 1446-1454.

[116] Reardon C L, Factor R M, Sport Psychiatry: A Systematic Review of Diagnosis and Medical Treatment of Mental Illness in Athletes [J], Sports Medicine, 2010, 40 (11): 961-980.

[117] Ribeiro J D, Pease J L, Gutierrez P M, et al., Sleep Problems Outperform Depression and Hopelessness as Cross-sectional and Longitudinal Predictors of Suicidal Ideation and Behavior in Young Adults

in the Military [J], Journal of affective disorders, 2012, 136 (3): 743-750.

[118] Rojas-Barahona L M, Deep Learning for Sentiment Analysis [J], Language & Linguistics Compass, 2016, 10: 292-303.

[119] Rude S, Gortner E M, Pennebaker J, Language Use of Depressed and Depression-vulnerable College Students [J], Cognition & Emotion, 2004, 18 (8): 1121-1133.

[120] Russell J A, Mehrabian A, Evidence for A Three-factor Theory of Emotions [J], Journal of research in Personality, 1977, 11 (3): 273-294.

[121] Salton G, Wong A, Yang C S, A Vector Space Model for Automatic Indexing [J], Communications of the ACM, 1975, 18 (11): 613-620.

[122] Sameera G, Vardhan R V, Sarma K V S, Binary Classification Using Multivariate Receiver Operating Characteristic Curve for Continuous Data [J], Journal of Biopharmaceutical Statistics, 2016, 26 (3): 421.

[123] Santos C N, Gatti M, Deep Convolutional Neural Networks for Sentiment Analysis of Short Texts [C] //COLING. 2014: 69-78.

[124] Sasaki K, Yoshikawa T, Furuhashi T, Online Topic Model for Twitter Considering Dynamics of User Interests and Topic Trends [C] // EMNLP. 2014: 1977-1985.

[125] Schlichtkrull M S, Learning Affective Projections for Emoticons on Twitter[C] // IEEE International Conference on Cognitive Infocommunications. IEEE, 2015: 539-543.

[126] Schlosberg H, Three Dimensions of Emotion [J], Psychological review, 1954, 61 (2): 81.

[127] Schölkopf B, Platt J, Hofmann T, Greedy Layer-Wise Training of Deep Networks [J], Advances in Neural Information Processing Systems, 2007, 19: 153-160.

[128] Schwartz H A, Eichstaedt J C, Kern M L, et al., Personality, Gender, and Age in the Language of Social Media: The Open-vocabulary Approach [J], PloS one, 2013, 8 (9): e73791.

[129] Singh V K, Piryani R, Uddin A, et al., Sentiment Analysis of Textual Reviews; Evaluating Machine Learning, Unsupervised and Senti Word Net Approaches [C] // International Conference on Knowledge and Smart Technology. IEEE, 2013: 122-127.

[130] Slingerland A S, Herman W H, Redekop W K, et al., Stratified Patient-centered Care in Type 2 Diabetes: A Cluster-randomized, Controlled Clinical Trial of Effectiveness and Cost-effectiveness. [J], Diabetes Care, 2013, 36 (10): 3054-3061.

[131] Socher R, Perelygin A, Wu J Y, et al., Recursive Deep Models for Semantic Compositionality Over A Sentiment Treebank [C] // Proceedings of the Conference on Empirical Methods in Natural Language Processing (EMNLP). 2013, 1631-1642.

[132] Soleymani M, Garcia D, Jou B, et al., A Survey of Multimodal Sentiment Analysis [J], Image and Vision Computing, 2017.

[133] Stirman S W, Pennebaker J W, Word Use in the Poetry of Suicidal and Nonsuicidal Poets [J], Psychosomatic medicine, 2001, 63 (4): 517-522.

[134] Suvorov A L, Dolin D E, Emoticons and Social Interaction on the Internet: The Importance of Social Context [J], Computers in Human Behavior, 2007, 23 (1): 842-849.

[135] Tai K S, Socher R, Manning C D, Improved Semantic Representations from Tree-structured Long Short-term Memory Networks [J], arXiv preprint arXiv: 1503.00075, 2015.

[136] Tan C, Lee L, Tang J, et al., User-level Sentiment Analysis Incorporating Social Networks [J], 2011: 1397-1405.

[137] Tausczik Y R, Pennebaker J W, The Psychological Meaning of Words: LIWC and Computerized Text Analysis Methods [J], Journal of Language and Social Psychology, 2010, 29 (1): 24-54.

[138] Thomée S, Eklöf M, Gustafsson E, et al., Prevalence of Perceived Stress, Symptoms of Depression and Sleep Disturbances in Relation to Information and Communication Technology (ICT) Use Among Young

Adults-an Explorative Prospective Study [J], Computers in Human Behavior, 2007, 23 (3): 1300-1321.

[139] Turney P D, Littman M L, Measuring Praise and Criticism: Inference of Semantic Orientation from Association [J], ACM Transactions on Information Systems (TOIS), 2003, 21 (4): 315-346.

[140] Turney P D, Thumbs up or Thumbs Down? Semantic Orientation Applied to Unsupervised Classification of Reviews [C] //Proceedings of the 40th annual meeting on association for computational linguistics. Association for Computational Linguistics, 2002: 417-424.

[141] Vapnik V, The Nature of Statistical Learning Theory [M], Springer-Verlag, 1995.

[142] Vosoughi S, Vijayaraghavan P, Roy D, Tweet2Vec: Learning Tweet Embeddings Using Character-level CNN-LSTM Encoder-Decoder [J], 2016: 1041-1044.

[143] Wang J, Yu L C, Lai K R, et al., Dimensional Sentiment Analysis Using A Regional CNN-LSTM Model [C] //ACL 2016-Proceedings of the 54th Annual Meeting of the Association for Computational Linguistics. Berlin, Germany. 2016, 2: 225-230.

[144] Wang X, Liu Y, Sun C, et al. Predicting Polarities of Tweets by Composing Word Embedding with Long Short-Term Memory [C] //ACL (1) . 2015: 1343-1353.

[145] Wang X, Zhang C, Ji Y, et al., A Depression Detection Model Based on Sentiment Analysis in Micro-blog Social Network [C] //Pacific-Asia Conference on Knowledge Discovery and Data Mining. Springer, Berlin, Heidelberg, 2013: 201-213.

[146] Wassmann C, Physiological Optics, Cognition and Emotion: A Novel Look at the Early Work of Wilhelm Wundt [J], Journal of the history of medicine and allied sciences, 2008, 64 (2): 213-249.

[147] Watson D, Clark L A, Measurement and Mismeasurement of Mood: Recurrent and Emergent Issues [J], Journal of personality assessment, 1997, 68 (2): 267-296.

[148] Wehrmann J, Becker W, Cagnini H, et al., A Character-based Convolutional Neural Network for Language-agnostic Twitter Sentiment Analysis [C] //Neural Networks (IJCNN), 2017 International Joint Conference on. IEEE, 2017: 2384-2391.

[149] Whitelaw C, Garg N, Argamon S, Using Appraisal Groups for Sentiment Analysis [C] //Proceedings of the 14th ACM international conference on Information and knowledge management. ACM, 2005: 625-631.

[150] Wiebe J, Wilson T, Bruce R, et al., Learning Subjective Language [J], Computational linguistics. 2004, 30 (3): 277-308.

[151] Wiebe J, Learning Subjective Adjectives from Corpora [C] //AAAI/IAAI. 2000: 735-740.

[152] Wilks Y, Affective Computing and Sentiment Analysis [J], IEEE Intelligent Systems, 2016, 31 (2): 102-107.

[153] Wilson K, Fornasier S, White K M, Psychological Predictors of Young Adults' Use of Social Networking Sites [J], Cyberpsychology, behavior, and social networking, 2010, 13 (2): 173-177.

[154] Woosley J A, Lichstein K L, Taylor D J, et al., Hopelessness Mediates the Relation Between Insomnia and Suicidal Ideation [J], Journal of clinical sleep medicine: JCSM: official publication of the American Academy of Sleep Medicine, 2014, 10 (11): 1223.

[155] Wu H, Global Stability Analysis of A General Class of Discontinuous Neural Networks with Linear Growth Activation Functions [J], Information Sciences: an International Journal, 2009, 179 (19): 3432-3441.

[156] Xu H, Zhang F, Wang W, Implicit Feature Identification in Chinese Reviews Using Explicit Topic Mining Model [J], Knowledge-Based Systems, 2015, 76: 166-175.

[157] Yang S W, Lee C, Sentiment Analysis using Latent Structural SVM [J], KIISE Transactions on Computing Practices, 2016, 22 (5): 240-245.

[158] Yang T L, Liu A X, Ma L Z, et al., Structure Composition Principle of Reconfigurable Mechanisms and Basic Methods for Changing Topological

Structure [C] // Asme/iftomm International Conference on Reconfigurable Mechanisms and Robots. IEEE, 2009: 104-109.

[159] Yao T F, Nie Q Y, Li J C, et al., An Opinion Mining System for Chinese Automobile Reviews [J], Frontiers of Chinese Information Processing, 2006: 260-281.

[160] Yarkoni T. Personality in 100, 000 Words: A Large-scale Analysis of Personality and Word Use Among Bloggers [J], Journal of Research in Personality, 2010, 44 (3): 363.

[161] Yee N, Harris H, Jabon M, et al., The Expression of Personality in Virtual Worlds [J], Social Psychological and Personality Science, 2011, 2 (1): 5-12.

[162] Yi J, Nasukawa T, Bunescu R, et al., Sentiment Analyzer: Extracting Sentiments About A Given Topic Using Natural Language Processing Techniques [C] //Data Mining, 2003. ICDM 2003. Third IEEE International Conference on. IEEE, 2003: 427-434.

[163] Zainuddin N, Selamat A, Sentiment Analysis Using Support Vector Machine [C] // International Conference on Computer, Communications, and Control Technology. IEEE, 2014: 333-337.

[164] Zhang L, Liu B, Aspect and Entity Extraction for Opinion Mining [M] //Data mining and knowledge discovery for big data. Springer Berlin Heidelberg, 2014: 1-40.

[165] Zhao L, Cheng J, Qian Y, et al., USEIRS Model for the Contagion of Individual Aggressive Behavior Under Emergencies [J], Simulation, 2012, 88 (12): 1456-1464.

[166] Zhu J, Wang H, Zhu M, et al., Aspect-based Opinion Polling from Customer Reviews [J], IEEE Transactions on Affective Computing, 2011, 2 (1): 37-49.

[167] Zhu X, Sobihani P, Guo H, Long short-term Memory Over Recursive Structures [C] //International Conference on Machine Learning. 2015: 1604-1612.

[168] Zhuang L, Jing F, Zhu X Y, Movie Review Mining and Summarization

[C] //Proceedings of the 15th ACM international conference on Information and knowledge management. ACM, 2006: 43-50.

[169] Zimbra D, Ghiassi M, Lee S, Brand-related Twitter Sentiment Analysis Using Feature Engineering and the Dynamic Architecture for Artificial Neural Networks [C] //System Sciences (HICSS), 2016 49th Hawaii International Conference on. IEEE, 2016: 1930-1938.

[170] 曹高辉:《基于语义理解的意见挖掘研究》,武汉大学博士学位论文,2010。

[171] 陈美英、张斌:《〈精神障碍诊断与统计手册第五版〉双相障碍分类和诊断标准的循证依据》,《中华脑科疾病与康复杂志》(电子版) 2014年第4期,第207~211页。

[172] 董振东、董强、郝长伶:《知网的理论发现》,《中文信息学报》2007年第4期,第3~9页。

[173] 方星星、吕永强:《基于改进的 single-Pass 网络舆情话题发现研究》,《计算机与数字工程》2014年第7期,第1233~1237页。

[174] 管理、郝碧波、程绮瑾、朱廷劭等:《不同自杀可能性微博用户行为和语言特征差异解释性研究》,《中国公共卫生》2015年第3期,第349~352页。

[175] 郝腾达:《中文微博情绪分析技术研究》,浙江工商大学硕士学位论文,2014。

[176] 侯小妮、孙静:《北京市三甲医院门诊患者互联网健康信息查寻行为研究》,《图书情报工作》2015年第20期,第126~131页。

[177] 胡泉:《基于新浪微博的互联网用户心理健康状态判别》,河南大学硕士学位论文,2015。

[178] 黄金兰、Hui, N.C.、林以正等:《中文版语文探索与字词计算字典之建立》,《中华心理学刊》2012年第2期,第185~201页。

[179] 黄萱菁、张奇、吴苑斌:《文本情感倾向分析》,《中文信息学报》2011年第6期,第118~126页。

[180] 姜佐宁:《国际疾病分类第十版(ICD-10)中关于使用精神活性物质引致心理与行为障碍的分类与诊断指导》,《中国药物依赖性杂志》1989年第3期,第4~7页。

[181] 李昂、郝碧波、白朔天、朱廷劭等:《基于网络数据分析的心理计算:针对心理健康状态与主观幸福感》,《科学通报》2015年第11期,第994~1001页。

[182] 李超:《社交网络中情感分析技术研究》,国防科学技术大学,2013。

[183] 李芳、戴龙龙、江志英等:《基于自编码神经网络的Single-Pass聚类事件识别算法》,《北京化工大学学报》(自然科学版)2017年第2期,第81~86页。

[184] 李枫林、魏蕾如:《社会化媒体用户行为的信息聚合机制研究》,《图书馆学研究》2017年第5期,第52~57页。

[185] 李雪荣、苏林雁、罗学荣等:《中国精神疾病分类与诊断标准第三版(CCMD-3)儿童青少年部分的修订与现场测试》,《中国心理卫生杂志》2002年第4期,第230~233页。

[186] 厉小军、戴霖、施寒潇等:《文本倾向性分析综述》,《浙江大学学报》(工学版)2011年第7期,第1167~1174页。

[187] 梁军、柴玉梅、原慧斌等:《基于极性转移和LSTM递归网络的情感分析》,《中文信息学报》2015年第5期,第152~159页。

[188] 林崇德、杨治良、黄希庭:《心理学大辞典》,上海教育出版社,2003。

[189] 刘康、赵军:《基于层叠CRFs模型的句子褒贬度分析研究》,《中文信息学报》2008年第1期,第123~128页。

[190] 刘楠:《面向微博短文本的情感分析研究》,北京信息科技大学硕士学位论文,2013。

[191] 卢桃坚:《社交网络中的短文本情感分析》,上海交通大学硕士学位论文,2015。

[192] 乔春庚、孙丽华、吴韶等:《基于模式的中文倾向性分析研究》,第一届中文倾向性分析评测研讨会,2008,第21~31页。

[193] 邱云飞、程亮:《微博突发话题检测方法研究》,《计算机工程》2012年第9期,第288~290页。

[194] 唐晓波、兰玉婷:《基于特征本体的微博产品评论情感分析》,《图书情报工作》2016年第16期,第121~127页。

[195] 瓦普尼克:《统计学习理论的本质》,清华大学出版社,2000。

[196] 王娟、曹树金、谢建国:《基于短语句法结构和依存句法分析的情感评

价单元抽取》,《情报理论与实践》2017年第3期,第107~113页。

[197] 王青:《基于神经网络的汉语语音情感识别的研究》,浙江大学硕士学位论文,2004。

[198] 王清亮、刘志民:《DSM-V物质相关障碍诊断分类及标准的解读与比较》,《中国药物依赖性杂志》2011年第2期,第157~158页。

[199] 吴江、黄晓、董克:《基于知识图谱的在线医疗研究综述》,《信息资源管理学报》2016年第2期,第4~12页。

[200] 徐健:《基于网络用户情感分析的预测方法研究》,《中国图书馆学报》2013年第3期,第96~107页。

[201] 徐琳宏、林鸿飞、潘宇等:《情感词汇本体的构造》,《情报学报》2008年第2期,第180~185页。

[202] 叶施仁、杨英、杨长春等:《孤立点预处理和Single-Pass聚类结合的微博话题检测方法》,《计算机应用研究》2016年第8期,第2294~2297页。

[203] 俞国良、董妍:《我国心理健康研究的现状、热点与发展趋势》,《教育研究》2012年第6期,第97~102页。

[204] 岳笑峥:《基于领域本体的意见挖掘系统》,北京邮电大学硕士学位论文,2008。

[205] 张金伟:《微博情感分析的心理预警模型与识别研究》,合肥工业大学硕士学位论文,2013。

[206] 《39次中国互联网络发展状况统计报告》。

[207] 周刚、邹鸿程、熊小兵等:《MB-SinglePass:基于组合相似度的微博话题检测》,《计算机科学》2012年第10期,第198~202页。

[208] 周立柱、贺宇凯、王建勇:《情感分析研究综述》,《计算机应用》2008年第11期,第2725~2728页。

[209] 朱廷劭:《大数据时代的心理学研究及应用》,科学出版社,2016。

[210] 朱嫣岚、闵锦、周雅倩等:《基于HowNet的词汇语义倾向计算》,《中文信息学报》2006年第1期,第14~20页。

[211] 朱玉兰:《基于模糊综合评判的大学生心理健康分析应用研究》,哈尔滨工程大学硕士学位论文,2013。

致　谢

"想，都是问题。做，才是答案。"首先，要把这句话送给我自己，同时也送给奔跑在奋斗路上的每一个人。

距离上次写毕业致谢已有 11 年的时间，与每一位经受过毕业历练的博士生一样，写到此处百感交集而又无语凝噎，毕竟幻想过无数次的场景终于要成为现实。曾以为这一部分是整个毕业论文中最好写的，但是在这一刻我才发现欲语词穷，因为这三年半的时间，值得珍藏和值得回忆的人和事不胜枚举。

感谢我尊敬的导师李枫林教授。感谢您给我宝贵的继续深造的机会。犹记得三年前的此时，当我与您第一次见面，您那儒雅亲和的气质立即消除了我心中所有的忐忑与不安。后来，正是这种良好的师生关系成为我求学路上强有力的保障。感谢您对我的关心和帮助。一开始，职场工作者与学生角色的转化、知识体系的停滞与老化，使我在一段时间内难以适应。尤其在科研写作方面，我的语言措辞总是摆脱不了公文写作和文科思维的模式，您手把手地教我格式规范、逐字逐句地帮我修改论文，没有您的耐心和用心，我是很难毕业的。感谢您对我的宽容和信任。对于您，我除却感激之情，最大的莫过于愧疚之意。作为已婚女博士生，难免会为家庭和生活上的事情分心，而您一直以积极的态度支持着我，并且不急不躁、不离不弃，以极大的耐心等着我的回归。正是您的这种宽容和信任，让我更加努力，以不辜负您的期望和良苦用心。师恩似海，无以为报，三年之益，受用终身。

感谢教导和帮助过我的老师们。早就耳闻武汉大学信息管理学院的学科实力，但是真正触动我的更是这里的人文气息。学院的老师们不但高才博学，而且通文达礼。感谢张李义老师、吴江老师、余世英老师、曾子明老师、李纲老师、陆伟老师、龚艺巍老师等，你们在课堂上的旁征博引、倾囊相授不仅帮助我打开专业资源的大门，还授以探索科学研究的钥匙。特别是在博士毕业论文的指导上，你们不遗余力地提出宝贵意见，使我的论文更加合理和完善。同时，还要感谢徐晴老师、王菲老师、刘珊珊老师、张雨婷老师，从博士入学到博士毕业，你们在手续以及流程办理上最大限度地给予我方便和帮助，真正体现了学院管理的以人为本。

感谢我的博士班同学和同门师弟师妹们。感谢我的同学黎丽霞、魏巍、刘莉琼、黎雪微、周寅，感谢你们在生活、学习和科研上对我的帮助。感谢永远的311同门曹天天、张俊熙、刘芳、柯佳、李娜、王梦亮、吴敏、范薇、梁少星、毛展展、范雅娴，你们让我感受到实验室不仅是学习的良所，更是一个体味"90"后五彩斑斓生活的小世界。感谢在博士生涯中遇见你们，是你们让这个大家庭团结而又温馨，是你们让我学到了专业技能以外的知识，这些都将成为我以后美好的回忆和宝贵的资源。

感谢我的两个密友陈德鑫和朱娟。陈德鑫博士，从你身上我学到了许多可贵的品质和宝贵的经验，虽然在最后的半年，你没有陪伴在我的身边，但是你每次那句"你可以的！"成为我最终冲刺的希望和动力，你坚定的支持，伴我度过了最为焦灼、艰辛和痛苦的时刻。朱娟，陪我一起战斗到底的密友，这一路，我们互相慰藉、互相鼓励；共同进退、携手相伴；风雨同舟、砥砺前行。谢谢与你们对我科研学习上给予的帮助。谢谢你们一起相伴的快乐日子，谢谢你们给了我一个圆满的博士生活。

感谢我的亲人。感谢我的父母，女儿所走的每一步都离不开你们的无条件支持；感谢我的公婆，谢谢你们对我默默的鼓励；感谢我的姐姐、姐夫，谢谢你们对我的关心和爱护；感谢刘姥姥、赵姥爷，你们之于我既是近邻又是亲人，关键时刻你们总是鼎力相助；感谢我的老公，作为军嫂的我本应该承担更多的家庭责任，但是为了圆我的梦想，你几次错过了作为职业军人的无上荣光，默默地守护着我们温暖的小家，谢谢你三年多的辛苦、包容和爱，你是我坚强的后盾。最为愧疚的还是我的宝贝，我们同一年跨入校门，在我知识累积的过程中，你也在快速成长，虽然我们都在进步，但是我却错过了见证你成长路上许多重要时刻和精彩瞬间。每次听到你稚嫩的声音问我什么时候毕业，心酸之情无以言表。但是我相信，妈妈的这段经历将会成为我们共同的财富。

其实，要感谢的远远不止这些，感谢我生命中存在这么多的感谢。最后，感谢我的母校武汉大学。一日进武大，终生珞珈人。一日珞珈人，不辱武大魂。

魏蕾如

2017 年 11 月于珞珈山

图书在版编目(CIP)数据

社交媒体用户心理健康研究：基于社交媒体的情感分析／魏蕾如著.--北京：社会科学文献出版社，2021.7
 ISBN 978-7-5201-8347-5

Ⅰ.①社… Ⅱ.①魏… Ⅲ.①互联网络-传播媒介-影响-用户-心理健康-研究 Ⅳ.①G206.2②R395.6

中国版本图书馆 CIP 数据核字（2021）第 089664 号

社交媒体用户心理健康研究
——基于社交媒体的情感分析

著　　者／魏蕾如

出 版 人／王利民
组稿编辑／任文武
责任编辑／杨　雪

出　　版／社会科学文献出版社·城市和绿色发展分社（010）59367143
　　　　　地址：北京市北三环中路甲 29 号院华龙大厦　邮编：100029
　　　　　网址：www.ssap.com.cn

发　　行／市场营销中心（010）59367081　59367083
印　　装／三河市尚艺印装有限公司

规　　格／开　本：787mm×1092mm　1/16
　　　　　印　张：11.75　字　数：192 千字
版　　次／2021 年 7 月第 1 版　2021 年 7 月第 1 次印刷
书　　号／ISBN 978-7-5201-8347-5
定　　价／78.00 元

本书如有印装质量问题，请与读者服务中心（010-59367028）联系

▲ 版权所有 翻印必究